国别化：对韩汉语教学法（下）
——语言技能教学篇

국가별: 한국인을 위한 중국어 교육법 (하권)
——언어 기능 교육편

王海峰　著

왕해봉　저

图书在版编目（CIP）数据

国别化：对韩汉语教学法（下）——语言技能教学篇 / 王海峰著 .—北京：北京大学出版社，2011.1
（实用对外汉语教学丛书）
ISBN 978-7-301-18307-6

Ⅰ．国…　Ⅱ．王…　Ⅲ．汉语—对外汉语教学—教学法　Ⅳ．H195.3

中国版本图书馆 CIP 数据核字（2010）第 249256 号

书　　　名：国别化：对韩汉语教学法（下）——语言技能教学篇
著作责任者：王海峰　著
责 任 编 辑：欧慧英　焦　晗
标 准 书 号：ISBN 978-7-301-18307-6/H·2722
出 版 发 行：北京大学出版社
地　　　址：北京市海淀区成府路 205 号　100871
网　　　址：http://www.pup.cn
电 子 信 箱：zpup@pup.pku.edu.cn
电　　　话：邮购部 62752015　发行部 62750672　出版部 62754962　编辑部 62752028
印 　刷 　者：北京飞达印刷有限责任公司
经 　销 　者：新华书店
　　　　　　　730 毫米 ×980 毫米　16 开本　13.25 印张　212 千字
　　　　　　　2011 年 1 月第 1 版　2011 年 1 月第 1 次印刷
定　　　价：36.00 元（含 DVD 光盘 1 张）

未经许可，不得以任何方式复制或抄袭本书之部分或全部内容。
版权所有，侵权必究
举报电话：010-62752024　电子信箱：fd@pup.pku.edu.cn

目 录
Contents

序 1
前言 5

第一章　汉语课堂教学基本过程与方法 1
　一、课堂教学准备 3
　二、课堂教学环节 10

第二章　汉语口语课教学的方法与技巧 25
　一、韩国学生汉语口语表达的特点及分析 27
　二、口语课堂教学环节与方法 30
　三、针对韩国学生口语课堂教学的原则与策略 43

第三章　汉语阅读课教学的方法与技巧 55
　一、韩国学生汉语阅读的特点及存在的问题 57
　二、针对韩国学生的汉语阅读训练内容和方法 59
　三、汉语阅读课堂教学的环节和策略 77

第四章　汉语听力课教学的方法与技巧 83
　一、韩国学生汉语听力理解的特点及存在的问题 85
　二、针对韩国学生汉语听力理解训练的内容和方法 88
　三、汉语听力课堂教学的环节和策略 108

第五章　汉语写作课教学的方法与技巧 115
　一、韩国学生汉语书面表达的特点及存在的问题 117

二、针对韩国学生汉语写作教学的训练内容和方法⋯⋯⋯⋯⋯130
　　三、汉语写作课堂教学的环节和策略⋯⋯⋯⋯⋯⋯⋯⋯⋯147

第六章　汉语教师的课堂教学语言⋯⋯⋯⋯⋯⋯⋯⋯⋯⋯⋯⋯167
　　一、汉语教师课堂教学语言的特点⋯⋯⋯⋯⋯⋯⋯⋯⋯⋯⋯169
　　二、教师课堂语言的类型及使用⋯⋯⋯⋯⋯⋯⋯⋯⋯⋯⋯⋯171
　　三、教师课堂语言应注意的问题⋯⋯⋯⋯⋯⋯⋯⋯⋯⋯⋯⋯184

附录　韩国部分大学汉语课开设情况⋯⋯⋯⋯⋯⋯⋯⋯⋯⋯⋯192

序

第二语言教学可在目的语环境下进行，也可在母语（或第一语言）环境中进行，前一种二语教学可称之为泛国别化（泛语别化）教学，相应地，后一种二语教学可称之为国别化（语别化）教学。两种二语教学都属于目的语教学，二者之间必然存在共性，但也有差别，差别主要就学习者的母语背景而言。在目的语环境中，学习者的母语背景一般呈现多样化的特点，因此，二语教学很难直接体现针对性原则，而在母语（或族际共同语）环境中，学习者的母语背景相对单一，必然要求体现针对性原则。长期以来，对外汉语教学主要是在汉语环境下进行的。随着汉语走向世界，作为第二语言的汉语教学也开始把目光逐步转向语别化教学。事实上，加强语别化教学既是对外汉语教学事业发展的必然趋势，也是对外汉语教学界的一种共识。

第二语言通常是在母语"内在大纲"的基础上获得的，因此，"针对性"一般就学习者的母语背景而言，但如何才能科学地体现"针对性"原则，却是一个十分复杂的问题。不过有一点是明确的，从教学的角度而言，"针对性"主要指教学方法，因为第二语言教学通常是教师运用具体的教学方法来实施的。需要指出的是，由于种种原因，即使是母语环境中的汉语教学，也鲜有比较成熟的突显针对性原则的教学法专著。王海峰博士的《国别化：对韩汉语教学法》正好填补了这一空白。

第二语言学习者在学习过程中，总是自觉或不自觉地拿自己的母语和目的语进行比较，因此，体现共性和差异无疑是"针对性"原则的首要任务。这一点，说起来容易，做起来难，这主要指如何把握尺度，同时又能体现应用性。王海峰博士的专著用画龙点睛之笔对韩汉语音、词汇、语法等语言要素的共性和差别加以概括和说明，起到了提纲挈领的作用，这是本书的一大特点。

第二语言习得过程始终贯穿着偏误。偏误产生的原因十分复杂，概而言之，主要是语际干扰和母语干扰所致。但哪些是语际干扰所致的偏误，哪些是母语干扰所致的偏误，需要认真分析，区别对待，这不仅关系到教学难点和重点的确定，而且也关系到具体采取什么样的教学对策和方法。专著在要素教学部分，根据常见偏误，确定教学重点和难点，并提出了具体的对策和技巧。如声调、特殊句式、汉字词、词语搭配等部分处理得都十分到位。又如作者指出，韩国学生书面表达中存在直率直露、显彰开放等倾向，而这种倾向显然是母语影响所致，这个问题很少有人提及。《国别化：对韩汉语教学法》的整体思路和架构对面向其他语言背景的汉语教学同样具有很高的参考价值。

技能教学似乎无所谓"针对性"可言，其实，有些问题直接影响教学效果。如韩国学生"开口度"低一直是痼疾，作者敏锐地指出，这既跟教育因素有关，又跟文化因素有关。如应试教育、重视阅读、忽视交际的传统、师道尊严、扎堆习惯等多种因素直接影响口语表达能力的提高。又如阅读中过度采取语素推断策略和利用母语的策略，直接影响阅读能力的提高。这些问题看似无关大局，有时对教学效果的负面影响不亚于其他因素的影响。对韩汉语教学界虽然注意到这些问题，但是一直没有引起足够的重视，也没有得到很好的解决。

教师的课堂语言，在第二语言教学中具有很特殊的地位。教师的课堂教学语言既是重要的课堂组织手段，也是学生学习目的语口语的重要途径之一。这一点对母语环境中的教师而言，尤为重要。他们通常扮演双重角色，既是传授者，同时又是"学习者"，既要做到规范，又要灵活多样，难度着实不小，绝非小事。作者根据韩国汉语教师的特点，提出了课堂教学语言的类型及具体的使用范例，具有很高的使用价值。

有些人以"教无定法"来否定教学方法的重要性，其实，教学从来是"有法可依"的，这个"法"并非经验的堆积，而是基于学习规律的科学总结。第二语言习得过程也许是一个最神奇的现象，第二语言教学是一种特殊的教学，教学方法显得尤为重要，无论是教过外语的人，还是学过外语的人可能都有这种感受。

其实，加强语别化教学并不是现在才提出来的，王力先生、吕叔湘先生、朱德熙先生等前辈学者在不同的场合，一再强调二语教学必须加强针对性。陆俭明先生多次强调"对外汉语教学的总的指导思想是，怎么让一个从未学过汉语的外国留学生在最短的时间内最快最好地学习、掌握好汉语"。要做到这"三最"，加强语别化教学无疑是一条有效的途径，王海峰博士进行了一次非常好的尝试。当然，语别化教学和泛语别化教学之间也存在共同的规律，两种教学需要取长补短，

序

互动互补。

　　本人主要从事语言对比，没有系统地讲授过相关课程，也没有编过教材，对教学法没有多少发言权。但有一点可以肯定，王海峰博士的这部专著以它鲜明的特色一定会受到对韩汉语教学界乃至于其他面向特定母语背景者的汉语教学界的欢迎。是为序。

崔　健

2010年7月10日

前　言

改革开放以来，随着中国在世界上的影响力不断增强，一些国家的"汉语热"持续升温，来华学习汉语的各国留学生人数逐年递增。相比来讲，韩国学生来华学习汉语人数增幅最为迅猛。2009年上半年，在华的韩国正式留学生人数达到5.4万，中国许多对外汉语教学机构中，韩国留学生占绝大多数，韩国已成为在华外国留学生最多的国家。

面对数量巨大、要求不断提高的韩国汉语学习者，如何教好韩国学生，提升汉语教师对韩汉语教学的水平，已成为中国汉语教学界的当务之急。目前汉语教学界汉语教师数量不能满足现实需要，已有的汉语教师在对韩汉语教育方面水平也参差不齐，因此培训汉语教师尤其是培训掌握对韩汉语教学方法的教师的工作迫在眉睫。

就韩国国内情况来讲，韩国现已成为名副其实的汉语教学大国。韩国是我国开设孔子学院最多的国家之一，目前已多达17家（此外，还有一家孔子课堂）。全国一百多所大学全部开设了汉语课程，在有些大学，中文专业的学生数量已经超过了英语专业的学生数量。值得重视的是，汉语学习在韩国正呈现低龄化趋势，现在，中小学开设的汉语班有2000余个，学生达六七万名。此外韩国的汉语补习班数不胜数，吸引了大量的韩国学习者。介绍中国情况的网站、中文网上聊天室、中文网上咖啡屋也比比皆是。

汉语水平考试也得到韩国各界的广泛认可。目前在韩国，很多汉语学习者都愿意以公认的语言测试来检验自己的语言能力，从而得到社会的承认；很多公司、企业也将HSK、BCT等考试成绩作为衡量学习者汉语水平的标准。如今，韩国每年举行十几次各类汉语水平考试，考生超过5万人，在世界上几乎是最多的[①]。

持续升温的汉语热在韩国给汉语教学造成了一种特殊的"压力"。过去很长

[①]《国外汉语教学动态》2004年第2期。

一段时间以来,韩国的汉语教学偏重于"教",而忽视"学",只注重知识传授,轻视技能培养。[①] 教学方法往往采用传统的语法翻译法,不太重视学生的交际训练。在这种传统教学模式的影响下,韩国学生的汉语水平提高很不均衡。

首尔大学孔子学院院长李充阳在接受新华社记者采访时感慨地说,随着学生的汉语水平大幅度提高,"在韩国教中文的老师感到教课越来越难了"。因此了解韩国学生的汉语习得规律,掌握针对韩国学生汉语教学的方法成为许多在韩汉语教师的迫切需求。

近年来,随着对外汉语教育事业的深入发展,对外汉语的国别化研究已经蔚然成风,并成为一种卓有成效的研究思路和研究方法。当前中韩各出版社出版了很多有关汉语教学法一类的书籍,但就作者掌握的资料来看,专门针对韩国学生汉语教学的著作还较为鲜见,这无疑忽视了对韩汉语教学这一巨大需求。

笔者曾多次在韩国仁荷大学、庆熙大学、梨花女子大学等知名韩国高校任教,教授汉语、培养国际汉语教育专业研究生和培训汉语教师,积累了一定的汉语教学和汉语教师培训经验和体会。

本书是在对韩汉语实践课堂讲义、汉语教学法讲义、汉韩语法对比讲义的基础上反复整理修改而成,其中绝大部分内容在梨花女子大学研究生及对韩汉语教师培训的课堂上多次讲授和讨论过,成书时吸收了韩国教师和学生的宝贵意见。叶恩贤、林恩爱、郭祎、吴三叶、李喜珍等研究生帮助翻译和校对了部分韩语语句,北京大学对外汉语教育学院韩国语专业博士姚骏老师、研究生秦曦同学分别对韩文例句和全书进行了认真校阅,汉韩对比专家北京语言大学崔健教授欣然作序,北京大学出版社沈浦娜老师、欧慧英老师、焦晗老师为本书的出版付出了大量心血,谨致谢忱!

本书充分考察了中韩汉语教师对韩汉语教学的难点和所存在的问题,研究了韩国学生的习得特点,通过汉韩语言对比探讨了对韩汉语教学规律,根据实际情况提出了一系列切实可行的教学方法。这些方法经过多次实践,简便、实用、有效,对提高中韩汉语教师教学水平有一定的帮助。

由于本人学识局限,书中错谬及挂漏之处在所难免,恳请各位读者专家批评指正。

[①] 姜美子《韩国"汉语热"成因分析》,《人民论坛学术前沿》2009 年总第 260 期。

第一章
汉语课堂教学基本过程与方法

语言教学分为四个环节,即总体设计、教材编写、课堂教学和成绩测试。课堂教学是语言教学的中心,因为课堂是教师展示教学活动、实现教学目标的主要场所,课堂学习是学生提高语言技能的主要途径。把握好汉语课堂教学的基本步骤,掌握好汉语课堂教学的基本方法,才能有效地贯彻教学思想,保证良好的教学效果。

1장
중국어 교실 교육의 기본 과정과 방법

언어 교육은 전체 설계, 교재 편찬, 교실 교육, 평가 시험 네 부분으로 나눈다. 교실은 교사가 교육을 진행하고, 교육 목표를 실현하는 장소이기 때문에 교실 교육은 언어 교육의 중심이 되고 교실 학습은 학생이 언어 능력을 향상시키는 중요한 통로가 된다. 교실 중국어 교육의 기본 단계 및 기본 방법을 제대로 파악하여야만 교육 이념을 효과적으로 관철시킬 수 있고 수준 높은 교육 효과를 거둘 수 있다.

一、课堂教学准备

(一) 备课

汉语教师在上课以前,一定要从各个方面进行认真准备,这样才能做到上课胸有成竹,有条不紊。

1. 备课程

明确所教课程在整个教学体系中的地位和作用,制订教学计划,确定教学任务、教学目标和教学要求,安排教学内容,计划教学步骤和方法等。

如教初级汉语口语(会话)课就要明确其作用就是培养学生把所学的语言知识和技能转化为口头交际能力;教学任务就是着重加强语音语调的训练,培养学生的会话能力和成段表达能力;教学目标是通过学习和训练,能运用所学的语法和词语,较熟练地表达熟悉的生活情景和话题。教学要求为学会说明、叙述、评价等表达方式,基本做到语速正常,语音语调正确、自然,用词恰当,语法得当,让汉语为母语的普通人能听懂。教师要在此基础上制订计划,设计教学方法。

2. 备教材

(1) 整体把握教材

教师课前要深入钻研教材,对教材要有一个宏观的掌握。

首先要认真阅读教材的前言或教材说明,以整体上把握教材编者的意图。如编者是按照哪种教学方法编写该教材的,为什么采用这种方法?我们在教学中如何体现这些教学思路等。

其次要通读各课,熟悉教材体例、每一课的课文、词汇、语言点、练习的内容以及各课之间的内在联系。

此外，还要了解平行课的内容及进度，以相互配合，避免疏漏和重复。

（2）认真准备每一课

首先，在整体掌握教材和熟悉课文的基础上确定教学目标。即本课教学的重点是什么，学生要达到的学习目标是什么。

其次，确定教学内容。包括每次课堂讲授的生词、课文、语法点及交际功能项目。

最后，规划教学步骤。

复习旧课——哪些内容需要复习？以什么方式复习？

导入新课——如何导入新课？用情境导入还是知识导入？

讲解生词——哪些生词重点讲授，哪些生词简单带过？哪些忽略不讲？如何去讲？

讲解课文——课文的背景是什么？课文中的难点有哪些？如何讲解？设计哪几个问题以有效地检查学生对课文的理解？

语言点及功能项目处理——如何处理？准备哪些例子帮助学生理解？设计哪些练习进行课堂训练？

练习——重点练习的项目是什么？书上的练习是否合适？哪些练习适宜课上进行，哪些练习适宜课下完成？需补充哪些练习？

作业——布置哪些作业？作业量是否合适？

3. 备学生

学生是教学的主体，教学要量体裁衣，因材施教，这样才能有效地组织教学。

首先，要了解学生的知识结构和汉语水平，如学生学过什么知识，程度如何，学生听说读写的能力怎么样，等等。通过这些，教师可以确定教学重点和方向，设计适当的课堂活动，使用合适的课堂用语。

其次，教师要了解学生的学习需求，学生希望获得哪些知识，希望提高哪些技能，喜欢哪些教学方法等。教师有的放矢地安排教学重点，设计教学方法，可以增强学生的学习兴趣。

最后，要了解学生的姓名、年龄、职业、兴趣、爱好、习惯、宗教信仰等，这样可根据学生的实际情况从学生最熟悉的生活、场景入手来设计课堂活动，安排交际话题。比如，教师讲授补语时，如果知道学生的兴趣爱好，就可以有针对性地提出问题。某学生喜欢跆拳道，教师就可以问学生："你跆拳道踢得怎么样？"

这样不仅能够增强师生的亲近感，而且可以使学生有话可说，保证输出的顺畅，便于课堂教学的顺利进行。

（二）准备教案

教案是课堂教学准备工作的书面呈现形式，是教师上课的教学路线图。

1. 教案的撰写

一份完整的教案，一般包括下列内容：

（1）基本项目

  1）课型

  2）教材

  3）教师

  4）班级

  5）题目

（2）教学设想

  1）时间分配

  2）教学目的、要求

  3）教学的重点和难点

  4）本课拟运用的教学方法（如听说、练讲、问答、对话、复习、做练习等）

  5）板书设计

（3）课堂环节（时间安排）

  1）复习旧课（提问、听写等，所需时间）

  2）导入新课（背景知识介绍、以旧引新等，所需时间）

  3）讲解新课（步骤次序可视实际情况调整，所需时间）

    a. 词语展示及讲解（对重点生词利用实物、图片、动作、情境等展示和讲解，所需时间）

    b. 读课文（领读、齐读、单独读、分角色读、默读等，所需时间）

    c. 段落讲解（所需时间）

    d. 提问和回答（提问的问题和回答的要点，所需时间）

    e. 难句解释（所需时间）

  f. 语法点的讲授和训练（所需时间）

  g. 文化知识的解释（所需时间）

  h. 归纳段落大意和中心思想（所需时间）

 4）本节课知识巩固（课堂练习、复述、小结，所需时间）

 5）布置作业（所需时间）

（4）下课

2. 教案撰写的注意事项

（1）时间分配

汉语教学中，一课内容要分几个课时完成，每个课时完成哪些内容，每项内容需要多少时间，这体现了教师对教学的宏观把握能力。教师掌握好节奏，才能保证教学的时效性。

时间分配要考虑以下几个因素：首先是教学本身，要考虑教材中教学内容的多少、难易程度、语言点的多少等因素；其次是学生方面，如学生的知识基础、汉语能力、认知能力等；第三是客观条件、教学手段等因素，如我们运用现代教学设备，采用现代教学手段就可能比传统的黑板教学节省时间等。

（2）教学目的、要求的确定

教学目的和要求反映本部分教学追求的成果，教师要根据教材的难易程度和学生的水平制定切合实际的标准。教学目的和要求要力求明确、具体，具有可行性和可测量性。如某初级汉语综合课的教学目的和要求：

① 本课的场景是通过海关，通过本课的学习，使学生知道在中国通过海关时的基本流程，并能进行相应的交际性操练。

② 要求学生正确地书写本课生词。

③ 让学生熟悉汉语祈使句、感叹句的基本结构，掌握带有"是……还是……"的选择问句的用法。

④ 要求学生能较流利地朗读并复述课文。

（3）教学重点和难点的选择

教学内容由不同的知识点组成，这些知识点在不同教学阶段的地位和作用不同。教师在教学中不能平均使用力量，要根据教材内容及学生实际情况确定教师重点讲授、学生重点掌握的知识点。教学重点一般包括生词、语法、功能项目等。

教学难点是根据学生的实际情况判断，学生不容易迅速接受、理解和掌握的知识点。如对韩国学生来讲，声调中的二声和三声，语法中的补语和副词位置、"了"的用法等都不容易掌握。教师要针对这些难点，设计出相应的应对方法，化难为易，减轻学生的压力。

（4）教学方法的采用

教学方法是教师和学生在教与学的过程中，为实现课程目标而采用的方法。教学方法有很多种，从大的方面来讲，经常采用的有听说法、视听法、认知法、功能法、任务法、全身反应法、暗示法等；反映到教学细节上有讲练、听说、问答、对话、复习、做练习等具体操作的方法。不同的方法有不同的特点和功用，教师要根据课型特点、教学内容、教学重点以及学生的实际情况，采用适当的教学方法。

教学方法要以实用为主，可以使用一种方法，也可以综合使用几种方法。

（5）板书的设计

板书是常用的教学手段，是学生接受知识信息的来源之一。汉语教学中板书具有额外功用，即教师板书汉字能够对学生学习汉字书写起到示范作用。

板书需注意的问题：

1）合理布置版面

一块黑板如何布局，教师在备课时就要根据教学内容做好规划。一般来说，板书的布局要醒目、均衡、美观，要做到重点突出、主次分明、层次清晰，便于学生把握整节课的知识脉络结构，掌握教学内容。

教师在利用黑板时，可以将黑板划分为主板部分和辅板部分，主板书写重要内容，辅板书写补充或次要内容。常见的布局有：① 以中心为主板，两侧为辅板。② 将黑板左侧作为主板，右侧作为辅板。③ 将黑板的左侧作为辅板，中间作为主板，留出右侧作为机动版面。

2）选择合适的板书形式

板书有各种表现形式，采用哪些形式，应考虑教学的内容，一般的形式有：

① 提纲式

将教学内容概括出一些要点，按一定顺序书写在黑板上。这种方式脉络清晰，层次清楚，便于学生掌握知识要领。如《博雅汉语·准中级加速篇Ⅰ》第4课《儿

童学语言》的课文脉络可以列为:

板书1

```
┌─────────────────────────────────────────────────────┐
│ 主板区      第4课  儿童学语言              辅板区    │
│   第一段:儿童学习母语时有很多相同的地方。            │
│   第二段:不同的地方比相同的地方更多。                │
│   第三段:总结,既有相同的地方又有不同的地方。        │
└─────────────────────────────────────────────────────┘
```

② 摘要式

将教学知识中的关键字、词、句写在黑板上。这种方式重点明确,可以让学生通过知识点连成知识面,便于学生回想和记忆。

板书2

```
┌─────────────────────────────────────────────────────┐
│ 主板区      第4课  儿童学语言              辅板区    │
│   第一段:儿童—母语—相同                            │
│   第二段:儿童—母语—不同                            │
│   第三段:有相同又有不同                              │
└─────────────────────────────────────────────────────┘
```

③ 图解式

将教学相关内容以各种符号勾勒出示意图。这种方式形象直观,能够引起学生的注意,激发学习兴趣,便于形成表象。

板书3

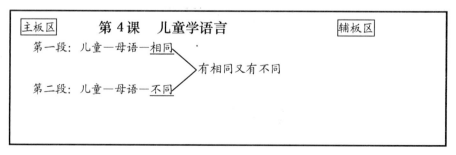

④ 表格式

将相关课堂内容设计成表格,一边讲解知识一边将要点填入表格,明晰精练,一目了然。如讲课文《企业家李海亮》,就可以将其生平用表格的形式列出来:

表1　企业家李海亮生平

姓　名	李海亮	性　别	男	出生年月	1957年9月
出生地	（1）	现就职公司	（2）		
现任职位	（3）	所学专业			（4）
经营理念	（5）				
主要经历业绩	1973年	（6）			
	1980年	进入西安电子科技大学学习			
	1990年	（7）			
	1999年	开办安海计算机控制与接口技术研究所			
	2007年	（8）			

⑤ 综合式

教学中不一定拘泥于一种板书方式,可以综合一种或几种方式进行板书,如提纲式与图示式结合,既能勾勒出线索脉络又直观形象。

此外,还有其他板书方式,如对比式、阶梯式等,教师可根据教学需要采用不同的方式。

3）板书要简要

板书要摘取教学内容的要点,进行加工提炼,形成凝练的点睛之语,以达到提纲挈领、重点突出的效果。教师不要大段书写教学内容,否则不仅不能使学生抓住要领,而且会浪费课堂时间,造成学生注意力分散,课堂气氛沉闷,影响教学效果。

4）书写要工整

大部分韩国学生汉字基础并不十分牢固,他们习惯于观览工整的字体,如果教师的板书过于潦草,学生辨认不清,就会违背板书的初衷,影响课堂效果。

二、课堂教学环节

一般的课堂教学分为五个环节,即复习旧课、导入新课、讲解新课、知识巩固和布置作业(练习课、复习课等除外)。

(一)复习旧课

1. 语音复习和检查

初级汉语阶段学生的发音基础训练很重要,教师要不断进行复习和检查。复习和检查的方法一般为朗读和听写。

朗读一般以轮读为主,让学生一个一个地读,这样教师能够听得清楚,便于纠正学生。听写就是教师读音节或音节组合,让学生写出音节、音节中的声母韵母或声调部分以及根据音节写出相应的汉字、词句。

2. 字词书写的复习和检查

字词书写贯穿于汉语教学的各个阶段,字词书写的复习和检查主要采用听写法。可以采用如下几种手段:

(1)听写生词

选择生词表中的重要生词,教师读,学生写出汉字或拼音。教师读的时候要清晰有节奏,要给出学生书写的时间。读生词时教师也可以伴以例释,如"重要——语法很重要",这种方法既能降低听写的难度,又能提高学生的听力水平和对生词的理解能力。

(2)听写句子

初中级阶段,为了进一步提高学生的字词书写能力和听辨能力,以及深入检查学生对课文的熟悉程度和对重点语言点的掌握情况,可以采用听写句子的方式。

教师可以从课文中选读有重点生词或语言点的句子，让学生书写；在中高级阶段，教师也可以利用学过的生词或语言点，组成课文中没有的新句子让学生书写，这样的好处是可以锻炼学生的听辨能力、理解能力等综合能力。

（3）猜写生词

教师不直接说生词，只说出生词的意思，学生根据词义猜出生词并写出来。如学过"平时"，教师可以说"一般的时候"，让学生据此猜写出"平时"来。

教师还可以说出句子的片段让学生根据上下文猜出空缺的词语并写出来。比如学过生词"确定"，教师可以说句子："星期天干什么，我还没有 _____ 。"让学生猜写出"确定"。

3. 语言点的复习和检查

语言点的复习和检查，除了用上述听写的方式以外，主要用问答等口头方式，教师提问题，让学生用指定的语言点来回答。

（二）导入新课

导入是将学生由非学习状态转入本堂课学习的准备阶段，是教师为了引导、启发、激励学生完成学习任务、掌握知识、提高能力所运用的手段。导入巧妙的话能够把学生分散的思维一下子聚拢起来，给学生以启迪，为成功授课奠定良好的基础。因此导入新课是教师教学能力和教学智慧在课堂教学中的具体体现。

从导入的内容来看，导入可分为：

1. 情景导入

可以从学生的生活经历入手，让学生将熟悉的场景和课程内容的背景结合起来，以营造新课氛围。如学习《留学中国》(《博雅汉语·准中级加速篇Ⅰ》)就可以从学生的自身经验入手，激发学生的热情。

此外，可以创立情景。如有的教学内容学生没有亲身经历，教师可以通过图片、影像等手段让学生体会，以激发学生对教学内容的兴趣。如我们讲《上有天堂，下有苏杭》(《中国语Ⅰ》，正进出版社，2004)一课，就可以通过上述手段导入。

联系情景导入新课，可以使新内容情景化和感性化，让学生产生亲切感，易于让学生接受，使学生产生学习欲望。

2. 文化导入

一些教学内容文化气息较浓，可以从与新内容有关的文化背景入手，给学生提供有关的历史场景、社会面貌、人文风俗、地理概况、自然环境等信息，让学生深刻体会，引发他们的想象力，为理解和接受新内容打下基础。

3. 旧知导入

新知识往往是与原有的知识相联系的。以旧导新、以旧促新，既沟通了新旧知识之间的内在联系，又激起学生对新知识的学习欲望，使学生积极主动地参与到获得新知识的过程中来。例如我们要讲《请客吃饭》(《博雅汉语·准中级加速篇Ⅰ》)，就可以从已经讲过的《吃在中国》(《博雅汉语·准中级加速篇Ⅰ》)的知识背景导入，这样可以使学生尽快接受新的内容。

4. 现时导入

现场利用学生自身的情况如学生的爱好、活动、生日等，或利用新近发生的新鲜事情如新闻、天气、节庆、文体活动等进行导入。如讲有关涉及学生兴趣取向的课文，就可以从班上学生的爱好入手导入新课。这样也能激发学生的兴趣，帮助学生理解和接受知识内容。

从导入方法来看，导入可分为：

（1）问答导入，即通过教师有针对性地提出问题，引导学生回答问题的方式导入教学内容，这种方法循循善诱，亲切自然。

（2）叙述导入，教师通过叙述一段话，引导学生进入与新课有关的背景，从而达到导入新课的目的。

（3）对比导入，将新课的某些内容与学生熟悉的有关内容进行比较，从而使学生通过对比激发对新课的求知欲望。

（4）游戏导入，通过设计跟新学课程有关的游戏，来引出新课。这种方法生动有趣，学生比较喜欢。

（5）练习导入，设计一些练习，让学生通过练习获得对欲学知识的感性认识，刺激学生的学习激情，然后导入新课。

（三）新课的讲解

新课的讲解包括词语展示及讲解、课文讲解、语法点的讲授和训练、文化知识的解释等内容。有关词语的展示及讲解、语法点的讲授和训练我们已在《国别化：对韩汉语教学法》（上）相关章节讲授，这里只介绍一下课文讲解的方法。

不同课型的课文，其结构方式与功能不一样，如口语课的课文以对话为主，阅读课的课文以叙述、说明、评论等非对话形式为主。不同课型的课文其处理方法和侧重点不尽相同，但也有其共性，我们这里仅就其基本方法进行讨论。有关各课型的具体讲授方法，将在后面专章讨论。

课文的讲解一般由分解和归纳两种方式穿插进行。

分解就是将课文材料拆分成不同的部分进行讲解，如整篇课文要分解成若干部分，每个部分分成若干段落，每个段落要选择一些重点句子、语言点进行分析讲解等。

归纳就是将拆分讲解后的部分，按照不同的性质进行加工提炼，如课文的主题思想、段落大意、句子的类型、语言点的归纳等。

教师引导学生不断地分解归纳，学生就可以吃透课文的思想，理解词句的内涵，掌握语言点的用法。

课文讲解的具体方式，有如下几种：

（1）问答式，通过教师提问、学生回答的方式对课文内容、知识点层层剥笋，步步深入，达到学生完全理解和掌握的目的。

（2）听读式，通过听录音或教师领读、学生复述课文内容的方法处理课文。一般会话课、听力课、听说课多采用此法。

（3）讲练式，教师一边讲一边带领学生练，讲练结合，让学生消化吸收学习的内容。一般对一些需要掌握记忆的教学内容多采用此方式。

需要提醒的是，教师可以根据情况，综合运用上述方法，未必一种方法用到底。

（四）本课知识巩固

教学内容完成后，教师要用几分钟的时间，对本课所学的知识进行回顾，帮助学生巩固所学的知识。一般采用的方式有：

（1）小结式，归纳一下所学的知识内容。

(2) 强调式，将所学的重点内容再次复述强调一下。

(3) 讨论式，让学生通过讨论总结回忆本课的学习重点。

(4) 问答式，教师提示问题，学生回答本课的学习内容。

（五）作业的布置

课后作业是学生消化课堂内容的重要手段，也是督促学生课后学习的重要环节。作业的布置一般有以下几种：

(1) 完成课本上的练习

(2) 完成教师补充的练习

(3) 预习指定的教学内容

要注意的是，教师布置的作业一定要进行检查和批改，并且将其作为平时成绩，最后算作期末成绩的一部分，这样就能够督促学生认真完成作业。

（六）认真撰写教学后记

撰写教学后记，是教学活动不可或缺的一个环节，教师应通过回顾检查自己的教学过程，分析成败得失，总结教学经验，为进一步提高教学水平和教学效果打下坚实基础。

教学后记一般总结以下几个方面的内容：

(1) 教师教课过程中的成功之处有哪些？教学方法方面有哪些闪光点？

(2) 教学中遇到的困难有哪些？还有哪些需要克服的问题？

(3) 学生学习的情况如何？比如哪些学生对所讲内容感兴趣，哪些学生没有兴趣；学生对哪些知识理解和接受较快，哪些学生存在接受困难等。

(4) 学生课堂上出现哪些偏误？偏误的原因是什么？以后如何引导学生避免这些偏误？

(5) 本堂课的教学效果如何？改进的策略有哪些？

坚持撰写教学后记，可以促进教师主动地总结教学规律，积极地探索教学知识和教育理论，提升教师的教学科研水平。

附录1　教案参考模板

对外汉语教学教案模板

一、教学对象：班级

二、课型：口语、阅读、听力

三、教材：名称（第几册）

四、题目：第几课

五、教学内容：词汇、语言点、课文内容

六、教学目的、要求：掌握重点词语、语法点，能用所学语言点进行交际

七、教学重点、难点：如程度补语、"把"字句等

八、教学时间：100分钟

九、教学环节

  1. 复习旧课：字、词、语法、课文，写、说等

  2. 导入新课

  3. 学习新课

    （1）学习生词：认读、部分词语扩展、用法讲解

    （2）讲练课文：听、读、讲、会话、问答

    （3）重点词语讲练

    （4）语法点讲练：释义、形式展示、练习

  4. 所学知识巩固：综合练习、各类形式的单项练习

  5. 布置作业

十、板书设计

十一、教学后记：成功与教训；值得注意的问题；哪些问题没讲清楚；哪些问题学生已掌握

附录2 综合课教学参考教案

第18课 给中国朋友写信

课堂教学教案

一、教学对象：初级汉语水平的韩国学生

二、课型：综合课

三、教材：《고등학교 中国语Ⅰ》（시사에듀케이션，2002）

四、题目：给中国朋友写信

五、教学内容：

  1. 学习生词。要求学生理解词义并能规范书写。

  2. 重点词语讲解。通过练习巩固重点词语，加深记忆，努力做到不但能说而且能自由使用，为学习课文做准备。

  3. 学习本课语法。情景引导，反复练习。

  4. 课文教学。包括提示词语，熟记课文等等。

  5. 练习。要求学生能根据所给情景，运用所学内容进行交际。

六、教学重点及要求：

  1. 理解并掌握课文中出现的重点生词。

  2. 重点学习并掌握"在VP（动作进行）"、"A是A，可是……"和"要是……，就……"句式。

  3. 能够熟练掌握课文内容，流利地复述课文，并能运用所学生词、语法进行自由会话。

七、教学方式：用多媒体课件辅助课堂教学

八、学时安排：2学时（共90分钟）

第一课时

一、复习第17课

    1. 复习语法

        使用PPT显示情景图片、提示文字等，让同学们练习句子：

        ① V+过

        ② 够……的

        ③ 多得是

        ④ 数量词

    2. 组织场景会话

        让两位学生对话描述去过的一个地方，并对这个地方进行简单评论。

二、讲授新课

    1. 热身活动

        问题引导：

        ① 你有中国朋友吗？

        ② 你跟他联系吗？怎么联系？

        ……

    2. 生词学习

    （1）认读生词

        使用PPT，教师带领学生认读生词。

        步骤1：教师领读生词。

        （媒体演示：显示生词表，包括汉字、拼音。）

        步骤2：隐去汉字的拼音，让学生读。

        步骤3：用教鞭随意指向某个生词，请学生读。

        步骤4：依次请学生单独读生词，学生边读教师边纠正发音。

    （2）讲解重点词语及操练

        在生词表中依次用矩形框标示出要讲解的重点词语。先显示例句，并讲解、领读，然后通过句型框架进一步让学生练习。

*讲解"当然"

步骤1：教师领读、讲解。

PPT显示如下内容：

> 当然
>
> A：你知道妈妈的生日吗？
>
> B：当然，妈妈的生日是四月二十日。
>
> ……

步骤2：列出句型框架，请两个同学按照句型对话，体会并练习"当然"。

PPT显示如下内容：

> 当然
>
> ① A：_____，你看过吗？
>
> B：当然，_____。
>
> ② A：你去过_____吗？
>
> B：____，那个地方够____的。
>
> ……

*按照步骤1、2的方法练习其他重点词语："可是"、"知道"、"到达"等。

3. 讲解本课的量词"封"

教学过程设计：通过形象的图片展示，让学生体会汉语量词"封"的使用。

步骤1：在图片的提示下，教师简单地解释并领读。

（媒体显示：三封信，相应地出现汉字"三封信"。）

步骤2：用其他图片提示，请学生练习。

4. 学习课文1

步骤1：带拼音领读、朗读。

（媒体显示课文，配上与课文相关的小插图，教师用教鞭边指边领读，然后让学生读。）

步骤2：（媒体隐去句子的拼音）无拼音领读、朗读。学生分角色念，教师纠音。

步骤3:(媒体显示课文框架)教师根据课文框架请同学复述,或提问后请同学回答问题。

会话1框架

A:金先生,你……?

B:我在……

A:用汉语……吗?

B:……,他是……

步骤4:让学生在课文框架的提示下复练。

步骤5:将课文框架还原为课文,让学生再练习。

5. 讲练本课出现的语法

动作的进行:在VP……

步骤1:先让大家看几张图片,然后问学生"……在做什么?"学生回答后,PPT显示"在VP……"的句子,教师领读。

步骤2:看图,请一个同学用汉语说出句子。

(媒体演示一个人正在看书)

教师提问:金先生在做什么?

学生操练:金先生在看书。

步骤3:看图,请一个同学用汉语快速说出句子。

(媒体演示:图上增加了时钟(九点),教师用教鞭特别强调此处)

教师提问:昨天晚上九点,金先生在做什么?

学生操练:昨天晚上九点,金先生在看书。

步骤4:进行类似练习(打电话、打羽毛球等等)。

步骤5:练习"A在……,B在……"。

(媒体演示:屏幕显示图片)

教师领读:小王在写信,妈妈在做饭。

步骤6:看图,请一个同学用汉语快速说出句子。

(媒体演示:屏幕左边一个人在看书,右边一个人在打羽毛球)

教师提示:(边指边说)这是金先生,这是弟弟。

学生操练:金先生在看书,弟弟在打羽毛球。

步骤7：看图，请一个同学用汉语快速说出句子。

（媒体演示：屏幕左边一个人在看书，右边一个人在打电话）

教师提示：（边指边说）这是金先生，这是服务员。

引导学生操练：金先生在打电话的时候，服务员在打电话。

第二课时

一、学习本课的课文2（方法同课文1，略）

二、讲练本课出现的句式

　　①"A 是 A，可是……"

　　②"要是……，就……"

（方法同第一课时，略）

三、课文听述练习

　　教学过程设计：

　　步骤1：播放录音，让学生听。

（媒体显示：右下方显示一幅与播放内容有关的图，左上方有一个小喇叭，中间部分显示录音内容的框架形式）

　　步骤2：根据学生的情况，可以再次按左上方按钮重播录音。

　　步骤3：教师提问让同学回答。教师边问边操作屏幕上的显示，完成填空。

（媒体显示：逐步显示出完整内容的文字形式）

　　步骤4：再次播放录音内容让学生听。

（媒体显示：教师随着录音的播放，用教鞭指向相应的文字处）

　　步骤5：隐去全部或部分文字，让学生复述。

四、交际练习

　　教学过程设计：给定场景，让学生练习本课的交际项目。

　　步骤1：给出一个话题，如"打电话请朋友去看电影，他说现在不能去"，让两个同学按照提示进行对话练习，必须用上所给的提示词。

（媒体显示：上方靠左显示本课的交际项目"动作进行"，下方显示句型

格式和相应的提示词，中间用图片展示会话情景）

步骤2：给出另外的话题，如"昨天晚上给你打电话，你没接"，让两个同学按照提示进行对话练习，必须用上所给的提示词。

五、小结

六、作业

1. 练习生词，下次课听写。

2. 做课后练习1、2、3题。

七、板书设计

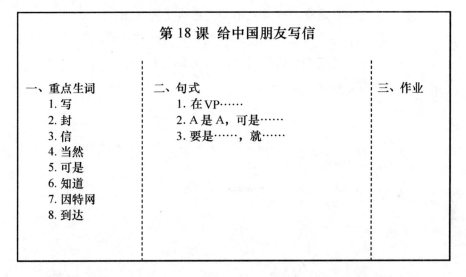

八、备课札记

学习生词时，在汉字的提示下，教师一边领读，一边让学生复述，学生容易理解并记住所学内容。练习时，用图片和文字提示，更加直观。在同学们说离题或漏了要点的时候，可以用教鞭指向提示部分。有情景和文字的提示，也有利于在听力训练中排除无关因素的干扰。此外，教师也可以节省解释时间，让更多的同学得到训练。

需注意，一些学生的发音尚需纠正，尤其是声母"r"（当然）、"sh"（可是）、"zh"（知道）以及韵母"e"（可是）和声调二声、三声。

教材中有的句子不太地道，注意调整。如"我在给中国朋友写封信"，可调整为"我在给中国朋友写信"。

附 课文

给中国朋友写信

王：金先生，你做什么呢？

金：我在给中国朋友写封信。

王：用汉语写吗？

金：当然，他是人民大学的学生。

王：他有没有电子邮件？

金：有是有，可是我不知道怎么上因特网。

王：要是用电子邮件，不到一分钟就可以到达。

金：是吗？那请你叫我怎么上因特网。

王：好的。

参考文献

[1] 陈宏、吴勇毅. 对外汉语教学课堂教案设计［M］. 北京：华语教学出版社，2003.

[1] 李珠、姜丽萍. 怎样教外国人汉语［M］. 北京：北京语言大学出版社，2008.

[2] 杨丹珠. 课堂教学的基本方法. 对外汉语教学资源网，http://dwhy.ccu.edu.cn.2007-11-2.

[3] 杨惠元. 课堂教学理论与实践［M］. 北京：北京语言大学出版社，2007.

第二章
汉语口语课教学的方法与技巧

　　口语交流是人类交际最基本也是最主要的方式之一。在汉语教学中，口语教学占有重要地位。目前人们越来越重视口语教学，不仅将口语作为一门技能专门训练，而且以听说先行作为教学理念。不过，就对韩汉语教学来看，由于种种原因，目前许多韩国学生口语交际能力明显滞后于其他技能，这种情况已成为制约韩国学生汉语水平全面提高的瓶颈。因此，在对韩汉语教学中，如何有效解决当前存在的问题，以培养学生标准、流利、自如地用汉语进行口语交际的能力就显得至关重要。

2장
중국어 말하기 과목 교육의 방법과 기교

말하기는 인류가 의사 소통을 하는 가장 기본적이고도 가장 중요한 방식 중의 하나이다. 중국어 교육에서 말하기 교육은 중요한 위치를 차지한다. 현재 갈수록 많은 사람들은 말하기 교육을 중요하게 생각하게 돼서 말하기를 전문적인 훈련 과목으로 편성하고 있으며 듣고 말하기를 먼저 진행하는 것을 교육의 이념으로까지 생각하고 있다. 그러나 한국학생에 대한 중국어 교육은 여러 가지 원인으로 인해 한국 학생의 말하기 의사소통 기능이 다른 기능에 비해 뒤쳐진 경우가 많다. 이것은 한국 학생의 중국어 수준의 전반적인 향상에 있어 이미 걸림돌이 되고 있는 현실이다. 따라서 한국인을 위한 중국어 교육에서 현재 안고 있는 문제를 어떻게 효과적으로 해결하여 표준적이고 유창하며 자연스럽게 학생들이 중국어로 의사소통 능력을 배양하느냐는 것은 매우 중요하다.

一、韩国学生汉语口语表达的特点及分析

（一）韩国学生汉语口语表达的特点及存在的问题

1. 学习认真，口语表达比较严格遵循语法规则，语句较为规矩

韩国学生学习目的比较明确，大部分学生态度比较认真，上课专心听讲，认真做笔记，重视语法学习，努力消化课堂上学习的语言点。因此学生在口语表达中注重遵守语法规范，所说语句较为严格地模仿教材或课堂上教师所教例句的表达方式。

2. 口语表达滞后

韩国学生由于有汉字基础，以及受传统教学方法的影响，其读写能力较强，听说的能力不如读写能力；相对而言，口语表达的能力又滞后于听的能力。

3. 口语表达明显低于应有的汉语水平

（1）部分学生的口语表达缺乏流利性，对书面文字的依赖性较强

韩国学生一般认真准备老师布置的话题，但从实际表现来看，学生在表达时常常表现出紧张情绪和焦虑感。由于他们汉字能力较强，所以常常过多依赖事先准备好的书面材料。与欧美学生比，其即兴发挥能力不够。因此在口语表达时，停顿、重复、延宕和阻塞情况较多，影响表达的流利性。

（2）会话交流中主动转换话题和对答不够

一些学生尤其是初级汉语水平的学生，在口语交际中总是被动多于主动，消极多于积极，表现为开口率低，多采用回避策略，不愿主动发问和回答问题等。

（3）语句表现上存在一些问题

一些学生由于缺乏自信，口语表达中语句水平不高，表现为句式不够复杂，

句子过于简短，句子或段落层次的过渡不太自然，关联词用得不够充分等。

4. 一些学生受母语负迁移影响严重，出现化石化现象

有些韩国学生的发音基础没有打好，加之不注意语音训练，到了中级班，有的声母如"zh、ch、sh、r、f"，还有韵母"ü、e"以及声调中阳平和上声等发音没有明显改善；除了声调以外，许多韩国学生的语调受母语影响严重，说话时常常没有抑扬顿挫，始终用平调，在句末常拖长音。

还有一些学生口语表达时使用的词汇和语法受母语影响严重，纠正困难，出现语言停滞现象。

（二）韩国学生汉语口语表达存在问题的原因

韩国学生口语表达滞后于其他技能的原因很多，就笔者多年在韩国的教学经验来看，主要有如下几点：

1. 教育因素

（1）教学方法较为传统

过去很长时间，韩国的汉语教学偏重于"教"，忽视"学"。教师注重知识传授，轻视技能培养。课堂以教师为中心，教学以知识传授为主，整个教学过程学生处于从属、被动的地位。

就教学方法来看，韩国大学及中小学汉语教师在教学中多采用传统的语法—翻译法（Grammar-translation Method）。汉语课堂上以韩国语为教学语言，将语法教学放在教学的中心地位。教师重点教授阅读方法和有关语法知识，不注重学生的口语交际训练。在这种传统教学模式的影响下，韩国学生普遍存在读写能力强、听说能力弱，而听说能力中，说的能力更弱的现象。

近些年来，由于中韩之间的交流日益频繁，人们逐渐意识到口语交际能力的重要性。许多韩国汉语教育者对传统的教学模式进行了反思，一些韩国教育专家提出"以学习者为中心"的教育改革思路，不少教师的教学注意力逐渐由以"教"为中心开始向以"学"为中心转移。

不过，传统的教学模式在一些教师（尤其是一些中老年教师）的教学思维中已经根深蒂固，完全改变尚需努力。

（2）应试思维的影响

韩国社会非常注重考试成绩，目前各界普遍认可 HSK、BCT 等汉语水平考试成绩。由于 HSK 考试在韩国开展的时间最长，影响最大，社会认可度最高，许多学生出于升学和找工作的需要，纷纷准备和参加 HSK 考试。

韩国学生以参加 HSK（初、中等）考试最多，而多年来旧版 HSK（初、中等）考试在题型设计上主要考查学生的语法、词汇、汉字水平，关注的是学生的听、读、写技能，而没有设计对学生的口语交际能力的考查题型。这就促使许多韩国学生将学汉语的全部精力放到掌握汉语的词汇、语法等用法上，而放弃了口语交际的训练。

许多学生的应试思维和突击学习的做法，进一步加剧了韩国学生重书面轻口语局面的形成，使得其汉语技能发展极不均衡。

2. 文化因素

（1）师道尊严

韩国社会有尊师重教的良好传统，教师受到普遍尊重。教师在学生面前比较威严，学生在教师面前恭敬有加。课堂上学生认真听讲，严格听从教师的训导。因此，在韩国，课堂气氛比较严肃，学生较为拘谨，教师和学生互动较少，学生自由发挥受到限制，这种状况也限制了学生课堂上口语技能的训练。

（2）扎堆习惯

韩国人具有极强的群体意识和国民认同感。部分在中国学汉语的韩国学生较少跟中国人或其他国家的人用汉语聊天打交道，他们常常单独聚在一起用韩语交谈，而忽视了对中国汉语大环境的利用，这也不利于韩国学生口语水平的提高。

3. 性格因素

许多韩国学生（尤其是女生）课堂上内向、谨慎、好面子、自尊心较强，不太轻易表达自己的感受。上课时不轻易发言，发言也尽量少说，唯恐犯错。为避免犯错，他们常常将发言整理落实到书面，准备充分后才发言，这样虽然避免了一些临时性错误，但也影响了口语表达的即兴发挥水平和流畅性。

二、口语课堂教学环节与方法

口语课是一门专项技能课,旨在培养学生的口语交际能力,课堂教学的重心是训练学生口语,提高"说"的水平。

一般来说初级阶段的学生,应学习和掌握基本的日常生活用语,能进行一般的生活交际,如见面、询问、购物、旅行等,能够简单表达自己的意见,描述事情的基本内容。中级阶段的学生应具备一定的汉语交际能力,能满足一般生活、学习和一定范围内工作的需要,并对汉语的文化背景和语义内涵有初步的了解;能够就一般性社会生活、学习和国内外时事新闻等话题用汉语口语与他人交际。高级阶段的学生要具备较高的汉语口语交际能力,能满足在社会生活领域里从事较高层次、较大范围的语言交际的需要,能够较为准确得体地用汉语表达自己的思想感情,有成篇的语言表达能力,同时对汉语的文化背景和语义内涵有较深的了解,初步具备运用汉语进行思维的能力[①]。

口语课堂教学一般包括预热(warm-up)、检查复习、学习新课、知识巩固、作业布置五个环节。

(一)预热

口语课应注重师生之间、学生之间的互动交流,口语老师一定要创造一个轻松、愉悦、和谐的课堂氛围,让学生兴奋起来,使他们敢说、能说。韩国学生常常比较拘谨、羞涩,不愿主动去说。因此,教师在进入教室的那一刻起,就要以真诚的态度、和蔼的笑容、亲切的语言打破严肃的班级气氛,解除学生的紧张心理,为自然愉快地进入课堂正式教学打下良好的基础。预热阶段常用的方法有:

[①] 参考和引自蔡整莹(2009)。

（1）问候

教师要在上课前几分钟进入教室，先环顾所有学生微笑打招呼："同学们好！"主动与学生互动，消除学生对教师的生疏感，拉近师生之间的距离。

（2）了解学生情况

教师放下教具后要走入学生中间，跟学生亲切交谈，询问学生的出勤情况、学习情况、生活情况等。如有学生没来，要问一下知道情况的同学其缺勤的原因；有的同学上次病了没来，这次来了，教师要问一下他（她）的身体情况、学习情况等，以表示关心等等。这些看似随意的交流，实际上传递了教师关心学生的信息，便于学生对老师产生信任感，也便于教师掌握学生情况。

（3）聊天

教师要跟学生，尤其是一些内向的学生轻松聊一聊大家关心的事情，如天气情况、重大新闻、生活学习、兴趣爱好等等。教师要亲切自然、风趣幽默，这样可以很快建立师生的感情基础，活跃教室气氛，放松学生的紧张心理。

注意，预热阶段一般在上课前或课间进行，时间也不要太长，否则学生过分兴奋，话题扯得过远，不利于学生课堂上注意力的集中。

（二）检查复习

教师上课后要检查复习上次课布置的任务和语言点，掌握学生学习的情况。一般时间为10分钟左右。

1）口头报告

一般来讲，每堂课开始都要有学生作口头报告（零起点班头两个月除外），教师要在学期开始就安排好时间，布置学生准备。口头报告一般不超过5分钟，报告题目一般由学生自由选择，报告完后，可以安排1—2分钟的问答或讨论时间。口头报告是有准备的发言，对韩国学生来讲容易接受，这种方式主要锻炼韩国学生在大庭广众之下成段表达的能力和勇气。

2）作业检查

如果上一节课留有作业，教师要认真检查。作业一般为口头形式，教师可以抽查或采取其他形式检查，并对学生完成作业情况进行评价。检查作业可以起到督促作用，如果不检查作业，学生就会偷懒，影响教师说话的威信。

3）知识复习检查

教师要对上次课学习的内容进行复习，以巩固所学的知识，发现学生存在的问题。知识复习检查的方法一般为口头形式，常用的方法有：

（1）问答法

师生或学生之间相互问答，用上节课学过的生词、语言点等。如：

听说你当过大学校长？

_____（根本）

（2）用指定词语完成句子

教师可以事先准备好练习，做出 PPT，让学生口头回答。如：

我对中国_____了解比较多，_____了解比较少。（方面）

（3）用学过的语言点改说句子

小王20岁就有了自己的公司，成为老板。（用"V+上"改说）

（4）猜生词或语言点

教师说出某生词的意义或某语言点的用法，让学生猜并造句。

（5）成段表达

对于中高级班的学生，教师可以指定语言点，让学生稍加准备后，说出一段话。

知识复习检查的方法还有很多，可以根据实际情况灵活选择和运用。

（三）学习新课

学习新课，是课堂教学的重头戏，一般包括导入、生词讲解、课文学习、语法及语言点的学习及训练等。一般在30分钟左右。

1）导入新课

导入新课一般有情景导入、文化导入、旧知导入、现时导入等，具体操作方法请参见本书第一章"汉语课堂教学基本过程与方法"。

2）生词展示与讲解

生词的展示一般有演示法、信息展示法等；解释词语一般有形象解释法、语言解释法等，具体操作方法请参见《国别化：对韩汉语教学法》（上）"汉语词汇教学的方法与技巧"一章。

应该注意的问题：

（1）对初中等水平的学生教师要多领读，给学生正确的语音示范。

（2）在生词的展示和讲解的过程中，教师一定要调动学生，以互动为主，让学生多开口，教师不能唱独角戏。

3）课文学习

课文是学生口语交际练习的范本，在口语教学中占有重要地位。课文学习一般有以下几个步骤：

（1）课文语音输入

口语交际训练中，听说结合，先听后说。教师在讲课文前可以采取多种手段进行语音输入。

a. 先听录音，让学生对课文有一个基本理解；

b. 老师有表情地朗读，学生聆听，让学生感同身受；

c. 也可以采用现代多媒体技术制作动漫，让学生身临其境。

（2）领说跟说

教师可以领说课文，让学生跟说。教师领说时要声情并茂，尽量再现交际情境。这样做的好处是学生可以通过教师的表情、神态、语调体会到课文的交际氛围和所学语句的交际功能，同时也能据此进行模仿。如果教师单纯朗读，就不会产生这样的效果。

（3）分组分角色朗读练习

口语课文一般为对话体，设置不同的角色完成某些交际任务，教师可以安排学生扮演不同的角色进行模仿练习，中高级学生可以脱离原文大胆发挥。

（4）问答互动

学生在领会了课文之后，教师可以采用问答的形式对学生就课文内容进行互动，如课文《我迷路了》（《고등학교 중국어Ⅰ》，시사에듀케이션，2001）：

① 那个中国人怎么了？

——他迷路了。

② 去南大门市场怎么走啊？

——往前走，到了前边红绿灯那儿，再往右拐就是。

③ 大概需要多长时间？

——走路15分钟左右。

④ 去景福宫坐几路车？

——坐104路就可以。

⑤ 在哪儿下车？

——在景福宫站下车，往前走就是。

这样做，一是加深学生对课文的理解，二是可以检查学生是否深刻掌握课文的内容及语言点，三是通过有选择地问答带出本课的教学重点——语言点及功能项目。

4）语言点及功能项目的练习

在学生基本掌握课文之后，就要将教学重点放到语言点及功能项目的训练上，实际上这是对课文交际领域的扩展。

语言点包括虚词及部分实词的用法、口语交际固定结构和句式、篇章关联形式等；交际功能项目包括问候、介绍、致谢、询问、要求、建议、同意、拒绝、责备、后悔、劝告、接待、妥协、赞赏、解释、评价、陈述、议论、说明、辩驳等。

交际功能项目一般通过语言点来体现，教师要通过语言点的训练让学生掌握交际技能。如：

介绍：我来介绍一下，这位是……，这位是……。

解释：……，实际上……。

庆幸：多亏……。

后悔：要是……就好了；早知道……，就……了。

议论：因为……，所以……，这样的话……。

训练方式主要有以下几种：

A. 语音语调训练

在口语会话中，一些项目的交际功能常常通过语言点组成语句并借助一定的语音语调完整地表达出来，因此教师一定要让学生体会并模仿不同功能项目在表达时所具有的语音语调特征，如重音的位置、语调的高低、语速的快慢、节奏的把握等。训练方法一般为语用特征介绍——领说——学生模仿体会——学生独立运用。如：

① 甲：我把你的书弄脏了，真对不起，我赔你一本新的吧。

乙：你这是说到哪儿去了，不就是一本书吗？还用赔吗？

② 甲：糟了，忘了带身份证了。
　　乙：<u>看你</u>！快回去拿吧！

　　教师要解释并让学生体会"这是说到哪儿去了"是表示对方不用这么说，多用于客气；"看你"带有埋怨的语气等。教师简单例示后，进行领说，领说时，要将重音、语调、语速、节奏体现出来，让学生模仿。

　　学生基本掌握了这些功能项目的语用环境和语音语调后，教师可让学生用训练过的功能项目进行会话扩展练习，使之充分掌握。如①：

　　a. 朗读并替换画线部分：
　　① 你<u>简直</u>可以当高级厨师了。
　　② <u>大半夜的</u>，喝什么酒呀？
　　③ 你<u>到底</u>知道不知道这件事啊？
　　b. 读下面的对话，然后分别用加点的词语改写对话：
　　甲：我要是<u>将来能成为</u>汉语专家该多好啊！
　　乙：那你就努力学汉语吧。
　　……

B. 替换与扩展

　　替换和扩展是训练学生对语言点熟练运用的传统方法，也是比较有效的方法。除了前面 A 中的朗读替换扩展外，还有其他类型，举例如下：

　　a. 词语替换
　　训练初级汉语水平学生的正反问句：

　　你睡觉睡得好不好？
　　　游泳　　好
　　　上网　　多
　　　写作业　快

　　训练学生"一……起来就没够"句式：

---

① 这种形式属于朗读替换扩展，也是替换扩展的一种形式，为了强调朗读训练，暂将这种形式列为语音语调训练一节。

他喝酒一喝起来就没够
　　吃
　　玩
　　看
　　听
　　……

教师给出关键词语，让学生用把字句型扩展句子：

我 把 钱包 落 在 车 上了。
　　　作业 写　 本子
　　　课本 放　 桌子
　　　手机 忘　 沙发
　　　垃圾 扔　 地
　　　车　 停　 路

b. 扩展下面的句子，完成会话

甲：你的发音真不错。
乙：和你比起来，我还差得远呢。
　　和打篮球比起来……
　　和中国人比起来……
　　和那家饭馆比起来……
　　和学英语比起来……
　　……

C. 完成句子

学生之间用指定的语言点完成句子进行会话，可以引导学生在充分理解语言点的基础上，完成交际任务，训练学生的表达能力。如：

① 甲：请问，这儿有汉语歌曲光盘吗？
　 乙：_____（多的是）
② 甲：这次旅行怎么样？
　 乙：_____（别提了）

D. 单项问答练习

师生或学生之间用语言点相互问答，达到对功能项目扩展训练的目的，如：

a. 练习建议

① 我周末想出去玩儿，去哪好呢？
依我看，还是……

② 哪个饭馆的菜又便宜又好吃？
我说呀，还是……

b. 练习陈述想法

① 听说要想提升，得经常跟老板喝酒。
如果……的话……，不过……

② 大家都在准备HSK，你怎么办？
别人……我不管，反正我……

③ 地铁上经常有乞丐乞讨。
我认为……，这样的话……

E. 综合情境会话

教师通过描述、图片、影像等手段设置交际场景，让学生模拟不同的会话角色完成交际功能，如课文的主要学习项目是联系事项，可根据情况设置以下交际场景：

你是王总经理的秘书，王总要约见三木公司的朴董事长，你给朴董事长打电话，内容包括：

a. 询问：您好，请问您是……吗？
应答：你好，我是……

b. 介绍：我是……

   询问：请问，你有什么事吗？

c. 解释（原因）：我今天打电话有这样一件事，……

   应答：……

d. 建议（见面的时间、地点）：您看……好吗？

   接受／拒绝：……

通过模拟真实场景，让学生综合掌握交际方法和交际技能。

F. 用所给词语完成功能项目会话练习

如：

a. 用所给词语进行情景会话

　① 和很久没见的朋友见面

　　（好久不见、没想到、和……一样、做什么）

　② 谈一谈对婚姻的看法

　　（务必、再……也不……、没错、此外、总不能……吧、这倒是）

b. 根据所给的情景，选用下列语言点完成会话[①]

> 有……有……还有……、……透了、别看……，可……、不过、管用、不至于、你怎么不早说呢、难说、这样吧

　① 看照片，谈论你去过的一个地方的风俗。

　② 安慰生病的朋友。

　③ 朋友把借来的书丢了，你劝他别着急。

c. 到朋友家做客，完成以下任务：

　介绍朋友与自己的父母

　客人给主人送上礼物

　客人表示来做客的心情

　主人拿出东西招待客人

　客人对主人的招待表示感谢

　……

[①] 选自《中级汉语口语》（第二版），刘德联、刘晓雨编著，北京大学出版社，2004。

以上是一种控制性练习，多用于中高级班学生。

G. 语言组织能力训练

中高级阶段，教师还要通过学习篇章关联形式，跳出单句表达范围，训练学生的语段或语篇表达，培养学生对语言的组织能力。

如：

王老师每天给我们上课。

王老师每天在黑板上挂几张自然风景地图。

王老师每天解释这些地图。

王老师解释地图的时候增加了不少关于古代的人文知识。

我们听了以后初步了解了中国的"美丽"形象。

☞每次上课，王老师总是在黑板上挂几张自然风景地图，在解释中还增加了不少关于古代的人文知识，让我们初步了解了中国的"美丽"形象。

再比如：

家庭和社会越来越重视对孩子智商的培养。

家庭和社会忽视了对孩子基本生活能力的锻炼。

这样的话，结果不太好。

生活在大都市的青少年在看电视和玩儿游戏上花了很多时间。

☞家庭和社会越来越重视对孩子智商的培养，而忽视了对其基本生活能力的锻炼，以致生活在大都市的青少年将大部分业余时间都消耗在了看电视和玩儿游戏上。

语言组织能力的训练方法有以下几种：

a. 按照时间的顺序组织，如：

起床、刷牙、洗澡、去学校、上课

我先……后……，然后……，……之后……再……

b. 按照空间顺序组织，如：

沙发、一幅画、茶几、茶具

对面是……，上面是……，前面是……，……上放着……

c. 按照逻辑关系组织：

中高级阶段，要锻炼学生通过对事物的观察和思考，表达自己的想法和意见的水平，培养学生的逻辑思辨能力，让学生按照逻辑关系用汉语组织语篇。组织篇章不仅体现学生驾驭语言的能力，还能体现学生思维的严谨程度。如：

社会中书呆子太多不好。

公关先生、公关小姐太多不好。

没有书呆子社会更不好。

以上事实我们可以训练学生通过篇章关联形式，将其联结成为一段逻辑严密，说服力强的语篇，如：

☞一个社会中书呆子太多固然不是什么好事，但如果人人都成了公关先生、公关小姐，书呆子一个也找不到，那无疑会更糟糕。

教师在语言组织训练中，要注意训练学生对篇章关联形式的掌握以及篇章中过渡、转折、照应等技巧的熟练运用。

语言组织的训练方式常见的有看图说话、场景介绍、事件叙述、事件评论等。

练习看图说话时，要选择生动有趣的图画，让学生组织句子进行叙述。下图是选自德国幽默大师埃·奥·卜劳恩的《父与子》，我们可以选用类似的图画，让学生根据图画讲述故事。

实用发明

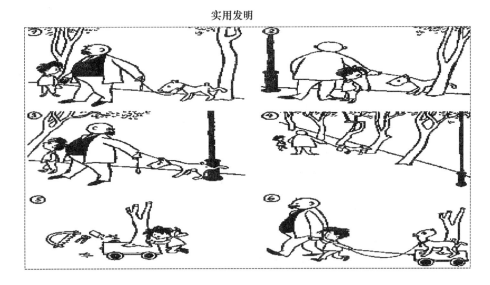

练习场景介绍时，教师可以让学生描述自己的家、宿舍或参观过的某个地方，以训练学生对空间顺序组织表达的能力。如：

如果你买房子，你要买一个什么样的房子？你怎么布置房间？

教师可以根据所学内容让学生叙述自己的经历或体验，如：

a. 在韩国初次到朋友家做客应该怎么做？
b. 谈一件你最难忘的事情。

关于事件评论，教师要关注国际、国内及身边发生的新闻，适时选择能够引起共鸣的事件，让学生讨论，然后发表自己的看法，这是锻炼学生逻辑思维、组织篇章技能的很好方法。如：

韩国在交通方面有哪些成功的经验，还存在哪些问题？你觉得有没有好的解决办法？

H. 课堂辩论

在高级口语教学阶段，课堂辩论是锻炼学生听力理解能力、快速反应能力、成段表达能力的一种有效方法，能够调动学生的积极性，激发学生的参与热情。

教师要选好辩论题目，让学生有话可说，有理可辩。如：

睡午觉的利和弊
在韩国，女性婚后工作利大于弊 / 弊大于利
大学生上学期间创业利大于弊 / 弊大于利
……

在辩论时，要引导学生运用一些学过的功能项目进行表述，锻炼陈述、辩驳技能，比如常用的功能项目：

我方认为……
我们完全赞同……的意见 / 说法，因为……
我们不敢苟同对方辩友的意见，因为……
有人说……，其实不然，难道……
如果按照你的逻辑，那么……
……

上述几种训练方式是口语教学中常用的方式，此外还有其他训练方式，教师可以根据实际情况灵活运用。

（四）知识巩固

教师在处理完课文和练习后，可用大概 3—5 分钟的时间带领学生对所学过的内容进行巩固和总结，形式可用小结形式、问答形式、讨论形式、强调形式等，时间为 5 分钟左右。具体请见本书第一章《汉语课堂教学基本过程与方法》。

（五）作业布置

口语教学注重实际交际应用，教师一定要注重督促学生将课堂所学的交际技能运用到实践中，这样学生才能真正掌握所学知识。

口语作业以口头形式为主，教师可以安排课堂上所学的交际项目让学生到实践中去锻炼，如我们学习了吃饭点菜，可以让学生去饭馆亲自点菜吃饭；学习了购物，可以让学生去市场买东西，询问价格、质量、使用方法，并且讨价还价等。

要注意的是，口头作业有时教师不易检查和控制，教师要让学生做好记录，甚至可以采用录音、录像方式，让学生在课堂上汇报作业完成情况。

口语教学中，笔头作业一般较少，如有必要的话，可以让学生完成课堂上不便书面完成或需要思考才能完成的任务，如准备一段演讲、口头报告等。

三、针对韩国学生口语课堂教学的原则与策略

我们在本章第二部分介绍了口语课堂教学的一般环节和方法,在实际面对韩国学生的时候,还要结合韩国学生的特点,掌握好教学的技巧和原则,让学生敢说、乐说、能说、会说和必说。

(一)打破传统观念,建立融洽的师生关系

韩国学生课堂上常常比较拘谨,说话信心不足,这主要是受韩国传统思想以及传统教学模式的影响。实际上,很多韩国学生在课下跟朋友交往时还是很开朗、开放和活泼的,因此内向不是他们的本来面目。他们很多人渴望跟教师交流,得到教师的重视。

教师在课堂上要放下"架子",降低身段,宽容、平等地与学生交流互动。要学会欣赏学生,多表扬鼓励学生,让学生产生信心;要多关心学生的学习、生活,赢得学生的充分信任。多年的韩国汉语教学实践使我们体会到,教师如果能够跟学生建立起融洽友好的关系的话,韩国学生常常含有感恩心态,积极配合教师,大胆发言甚至争先恐后地表现自己。

(二)调动各种手段,营造轻松和谐而又高效的课堂氛围

正如前面所言,实际上大部分韩国学生是天生好动的,教师要充分利用他们的天性,将他们积极表现的一面调动起来。教师上课时,一定要采取各种手段和方法,让学生乐在其中。

教师语言要风趣、富于感染力,体态语要生动,可以夸张地运用眼神、肢体动作等来辅助教学,以充分调动学生的情绪。

利用可能的手段,如实物、卡通图片、人物肖像等,激发学生学习的兴趣;利用现代技术,通过声光电的完美结合,生动的画面、动人的形象、优美的语言

和音乐，激发学生的参与热情。

通过丰富的课堂活动达到教学目标，如自由会话、分组讨论、学生发言、角色扮演、词义配对、唱歌、画画等，让学生享受口语课堂教学的快乐。

比如，在给中级水平学生上有关购物一课时，为了活跃课堂气氛，教师让一部分学生扮演售货员，一部分学生扮演顾客。扮演售货员的学生制作头饰，戴在头上，面前放满各种各样的商品，向同学们介绍商品的用途、质量、价格，推销商品；扮演顾客的学生分别扮演老人、小孩、家庭主妇等，跟售货员讨价还价。到最后看哪个售货员销售业绩最好，哪个顾客买到了物美价廉的商品。这样，学生说话的欲望就被充分地激发了，教学效果就会大大提高。

韩国学生很喜欢做游戏，教师可以将一些技能训练科目以游戏的形式进行，如词语竞猜、故事接龙、我说你画、交头接耳、吹牛大赛等等，让学生在娱乐中锻炼口语技能。

相信通过这些手段和方法，就能营造良好的课堂氛围，让学生在乐中学、学中乐。

（三）丰富教学内容，让学生能说会说

以上两部分实际上解决了学生敢说乐说的问题，要做到课堂效果最大化还要解决学生的能说和会说问题。

1. 能说

首先，在教学中，教师要提供丰富的语言素材，让学生有话可说。如教师可以提供一些学生感兴趣的文字素材、新闻背景、图片、影像资料等，让学生参考使用。

此外，教师在组织学生进行会话训练时，要选择学生熟悉的生活，如学生的亲身经历、真实生活、兴趣爱好以及韩国的新闻大事、生活习惯、文化传统等等，可以让学生用汉语介绍中韩两国的饮食习惯异同，比如酒文化、餐具的摆放及使用等，介绍韩国的传统节日以及中韩节日的风俗异同等。

教师要了解学生，清楚学生的兴趣点和知识背景，选择话题时要有的放矢，这样学生才能有话可说。

2. 会说

教师在口语教学中，不必将重点放在知识的传授上，而应放在汉语口语的表达方式和技巧指导上。如怎样接打电话、怎样与人交谈、怎样问路与指路、怎样购物、怎样请人帮忙、怎样发出与接受邀请、怎样表达喜怒哀乐等等，如，朋友见面寒暄聊天：

（东浩和永太是高中同学，很长时间没见面了。）

东浩：永太！
永太：哟，东浩，好久不见。
东浩：好久不见，最近怎么样？
永太：还行，你呢？忙什么呢？
东浩：也没忙什么。这不，快期中考试了嘛，
　　　忙着复习呢。
永太：好好儿复习吧，祝你取得好成绩！
东浩：谢谢！你们考完了吗？
永太：没呢，下星期考。
东浩：也祝你取得好成绩！
永太：谢谢！考完以后我们一起出去玩儿怎么样？
东浩：好啊，我们好长时间没有一起玩儿了。
永太：这样，我考完后给你打电话。
东浩：好，我等你电话。
永太：我还有事儿，下次见面再聊吧。
东浩：好，你忙你的，下次再聊，再见！
永太：再见！

这些会话看起来很简单，实际上里面含有很多表达方法和技巧，如怎样启动话轮、接续话轮、转换话题、结束交谈等等。这些对学生用汉语进行口语交际很重要。教师要注重通过对学生的训练和指导，让学生充分内化。使学生不仅能说，而且会说。

（四）采取措施，使学生"必说"

学生的"开口率"高低是衡量汉语口语课成功与否的标准之一，教师要采取必要措施督促学生张口。

有的学生由于性格因素或汉语水平不高、信心不足等原因，常常沉默寡言，消极被动。教师除了多鼓励引导之外，还要采取一些措施，使之加入到会话活动中来。

如教师在课堂上尽量将注意力覆盖到每个学生，让学生轮流回答问题，"迫使"学生积极参与，使之形成说话的习惯。当然，让这些学生回答时，尽量询问适合实际情况和汉语水平的问题，使他们能说、会说，以激发其信心而不使其自尊心受到伤害。

记忆一些固定的句式和习惯用语以及经典段落，是学习语言的一个好办法。韩国学生比较配合老师，中小学教育中也有背诵的习惯。刘琳（2007）通过调查得出结论，"韩国学生（中级汉语水平学生——笔者注）在整体上对通过记忆背诵学习汉语语段的观念，自我评定等级的平均分最高"。因此针对初中级汉语水平的学生，教师可以选择一些典型的语句、段落让学生背诵，以此增加汉语语句的输入量。学生输入的汉语口语信息多了，自然会说的句子就多了，这样久而久之，学生在课堂上的开口率就会大幅提高。

口语教学活动也可以扩展到教室以外。教师可以安排一些语言实践活动，以促使学生用汉语进行交际。如教师可以布置作业，采访中国人的生活、工作等情况，事后回课堂报告；教师也可以带领学生去商店、饭馆、旅馆、车站机场去购物、就餐、联系住宿和买票乘车（在韩国学习汉语的话，可以去中国商店、饭店等）；去中国的一些城市、农村参观访问；有条件的话还可以安排学生到中国人家里居住，或者去中国的公司、商店等进行实习。这些活动对学生汉语交际习惯的形成，具有很大的促进作用。

附录　口语教学参考教案

第 11 课　天气怎么样？

生词

1. 天气预报	8. 最	15. 热
2. 晴	9. 气温	16. 昨天
3. 天气	10. 多少	17. 比
4. 转	11. 度	18. 冬天
5. 阴	12. 跟	19. 雪
6. 但是	13. 一样	20. 冷
7. 雨	14. 太	21. 喜欢

课文

①

王：郑先生，你听天气预报了没有？
郑：听了，今天是晴天。
王：明天天气怎么样？
郑：明天晴转阴，但是没有雨。
王：最高气温是多少度？
郑：二十三度，跟今天一样不太热。
王：我觉得昨天很热。
郑：对，昨天比今天高五度。

②

金：北京的冬天怎么样？常下雪吗？
王：不常下雪，但是很冷。
金：韩国的冬天常下雪。

王：你喜欢冬天吗？

金：对，我很喜欢冬天。

教 案

(一) 教学重点与难点

    1. 天气的表达方法

    2. 比较句的使用

(二) 教学目的与要求

    1. 掌握本课的重点词语，能正确运用。

    2. 掌握天气的表达方式，能熟练运用。

    3. 掌握比较句句型，能正确使用。

    4. 通过表演和复述对话，基本掌握会话技能。

(三) 教学用具

    1. 动漫

    2. PPT

    3. 卡片

(四) 教学安排

    本课分两次课完成。

    第一次课（1—2课时）：

    1. 学习生词 1—17

    2. 讲练课文①

    3. 语言点：比较句

    4. 练习：天气的表达，比较句的使用

    5. 分组练习，会话表演

    6. 布置作业

    第二次课（3—4课时）：

    1. 演讲

2. 听写

3. 复习生词、语言点

4. 学习生词18—21，补充生词

5. 讲练课文②

6. 语言点及交际功能项目：四季描述，转折"但是……"，感情表达"喜欢……"

7. 练习：描述韩国的四季，我喜欢的季节

8. 分组练习，会话表演

9. 布置作业：

（1）完成课后练习

（2）每个同学3分钟课前演讲准备

第一次课教案

（1—2课时，90分钟）

一、教学时间安排和分配（2课时）

（一）预热（课前）

（二）复习旧课（10分钟）

（三）讲练新课（70分钟）

　　1. 导入新课（5分钟）

　　2. 生词讲练（10分钟）

　　3. 课文讲练（10分钟）

　　4. 语言点及功能项目讲练（45分钟）

（四）知识巩固（5分钟）

（五）布置作业（5分钟）

二、教学环节与步骤

（一）预热

复习旧对话：你们好！你好！——今天星期几？今天星期二。今天天气

好吗？——好。昨天呢？——不好。好的，今天我们学习第 11 课《天气怎么样》。

（二）复习

1. 辨音辨调

教师检查上次课学过的课文生词，教师指读。

2. 听写生词

3. 作业检查

4. 演讲 3 分钟

（三）讲练新课

1. 生词讲读

A. 老师领读一遍

① 天气预报　　　② 晴　　　③ 天气

④ 转　　　　　　⑤ 阴　　　⑥ 但是

⑦ 雨　　　　　　⑧ 最　　　⑨ 气温

⑩ 多少　　　　　⑪ 度　　　⑫ 跟

⑬ 一样　　　　　⑭ 太　　　⑮ 热

⑯ 昨天　　　　　⑰ 比

B. 从左边同学开始一个接一个地读

C. 老师指定同学读

D. 老师总结纠正发音

E. 重点生词讲练（PPT）

转　但是　最　多少　太　跟……一样　比

2. 导入新课

借助动漫（下雨、晴天、下雪），提问法：这是什么天气？你喜欢哪一个？好。我们就学习天气。

3. 讲练新课

（1）看动漫听录音

（2）课文读说

A. 老师领读课文，学生跟读

B. 老师领说，学生不看书跟说

C. 学生分组朗读练习

D. 学生分角色上台复述表演课文

（3）课文检查

问题回答：

① 明天天气怎么样？

② 最高气温是多少度？

③ 王觉得昨天天气怎么样？为什么？

……

（4）语言点及功能项目练习

A. 语言点讲解与练习（PPT）

① 王：明天天气怎么样？

　郑：明天晴转阴，但是没有雨。

扩展练习：

昨天天气怎么样？

今天天气怎么样？

……

② 跟今天一样不太热。

A 跟 B 一样（+形容词）

A 跟 B 不一样

扩展练习：

首尔夏天天气和北京一样吗？

你和哥哥个子一样高吗？

……

③ 昨天比今天高五度。

A 比 B+形容词+数量词

扩展练习：

我比哥哥小 3 岁

妈妈　爸爸　小　1 岁

东浩　成民　重　3 公斤

……

你跟你哥哥的个子差多少?

……

④ 明天晴转阴,但是没有雨。

今天没有雨,但是 _____。

我去过北京,但是 _____。

……

B. 用语言点分组会话练习

① 家乡的天气

② 我的家庭

教师流动检查纠正。

C. 学生转述语伴的家乡的天气情况/家庭情况

D. 会话扩展表演

题目:我喜欢的天气

4. 总结

教师用PPT带领学生一起说,"今天学了……"

5. 布置作业

(1) 练习生词书写 ①—⑰,下次课听写。

(2) 预习生词 ⑱—㉑ 和课文 ②。

(3) 关注天气,下次课说一说当天的天气。

(4) 每个同学3分钟课前演讲准备。

6. 下课

第二次课教案(略)

参考文献

[1] 蔡整莹.汉语口语课教学法［M］.北京：北京语言大学出版社，2009.

[2] 曹　莉.关于日韩留学生汉语课堂教学的思考［J］.教育理论与实践，2006，（5）.

[3] 郭莉莎.对外汉语初级口语课的教学原则和方法［A］.第四届全国语言文字应用学术研讨会论文集［C］，中国应用语言学会.成都：四川大学出版社，2007.

[4] 刘　琳.中级水平韩国留学生汉语语段学习策略研究［D］.北京语言大学硕士学位论文，2007.

[5] 孙　蕾.日韩留学生汉语口语学习现状及教学对策［J］.现代语文（语言研究版），2008，（10）.

第三章
汉语阅读课教学的方法与技巧

　　阅读是语言学习的重要途径，通过阅读，不仅可以培养学生阅读能力，提高学生的阅读水平，而且可以促进学生对语言要素的学习和巩固，吸收新知识，获取新信息。在听说读写四项技能训练中，阅读训练是一项重要的基础训练。阅读技能的提高可以直接带动听、说、写等技能的提高，从而推动语言学习的全面发展。

　　韩国学生具有一定的汉字基础、汉字词的优势和儒教文化的背景，因此韩国学生初学汉语时，在阅读上有着欧美等国家学生所难以企及的先天条件。不过韩语毕竟与汉语的表达系统有着巨大的差别，随着汉语学习的一步步深入，上述优势就会一点一点地消失。一般到高级阶段，韩国学生的阅读优势就不明显了。钱玉莲（2005）对213名韩国学生HSK成绩样本的分析研究表明，韩国学生阅读技能在初中阶段得到了快速发展，并随着汉语总体水平的提高而加强；而到了高级阶段，阅读技能则成了弱项。

　　随着中韩政治经济、文化教育各领域交往的进一步扩大，人们对汉语水平的要求越来越高。目前人们已经不满足于简单的汉语识读，而要求人们能用汉语进行深层次、宽领域、高水准的交流。就汉语阅读来说，不仅要求人们能够读懂和欣赏普通的故事、新闻等一般性文章，而且能够读懂谨严庄重的应用文、缜密思辨的政论文、抽象高深的专业论文等文体。从这个角度来说，韩国学生阅读水准的提高任重而道远。因此，采取合适策略，提高韩国学生的阅读水平已成中韩汉语教学界的当务之急。

3장
중국어 읽기 과목 교육의 방법과 기교

읽기는 언어 학습의 중요한 한 과정으로 읽기를 통해 학생이 언어 요소에 대한 학습과 이해를 할 수 있을 뿐만 아니라 독해 능력을 배양하고, 독해 수준을 높이며, 새로운 지식을 받아들이고 새로운 정보를 얻을 수 있다. 듣기, 말하기, 읽기, 쓰기 네 가지 언어 능력 향상과 관련된 연습에서 읽기 연습은 중요한 기초 훈련이다. 읽기 능력의 향상은 직접적으로 듣기, 말하기, 쓰기 능력의 향상을 이끌어낼 수 있어서 언어 학습의 전반적인 발전을 이룰 수 있다.

한국 학생은 어느 정도 한자나 한자어의 기초가 있고, 유교에 대한 문화적 배경이 있기 때문에 처음 중국어를 배울 때, 미국이나 유럽 출신 학생들에 비해 비교할 수 없을 정도의 타고난 장점이 있다. 그러나 한국어는 중국어의 표현 체계와 매우 큰 차이가 있어서 중국어 학습이 한 단계씩 진행되어감에 따라 이상의 장점이나 우위적인 특징이 조금씩 사라지게 된다. 일반적으로 고급 단계에 이르면 한국 학생의 읽기에서의 장점은 그다지 잘 나타나지 않는다. 钱玉莲(2005)은 한국 학생 213명의 HSK 성적에 대한 분석을 통해 한국학생의 읽기 능력은 초급이나 중급 단계에서는 빠른 속도로 향상되고 중국어의 전체 능력이 향상됨에 따라 점차 수준이 높아지지만 고급 단계에 이르게 되면 읽기 능력이 취약한 부분이 되어 버린다는 연구 결과를 보여주었다.

한국과 중국이 정치 경제 문화 교육 등 각 분야에서의 교류가 점차 확대됨에 따라 중국어 수준에 대한 사람들의 요구도 높아졌다. 이미 중국어로 간단하게 말하고 읽는 것에는 만족하지 못하고 중국어로 심도 깊고 더 넓은 분야에서 수준 높은 의사소통능력에 대한 사람들의 요구가 갈수록 높아지고 있다. 중국어 읽기는 일상적인 이야기, 뉴스 등의 일반적인 글에 대해 읽고 이해하거나 감상을 하는 것뿐만 아니라 무거운 분위기의 응용문, 논리가 치밀한 정치에 관한 글이나 추상적이고 심도깊은 전문적인 논문 등의 문체를 읽고 이해할 수 있어야 한다. 이러한 측면으로 볼 때 한국 학생들의 읽기 수준 향상시키는 것은 아직도 해야 할 일이 많고 갈 길이 먼 상황이다. 따라서 한국 학생의 읽기 수준을 향상시키기 위해 적절한 전략을 마련하는 것은 한국과 중국의 중국어 교육계가 직면한 급선무가 되고 있다.

一、韩国学生汉语阅读的特点及存在的问题

（一）韩国学生汉语阅读的特点

1. 长于阅读，注重通过阅读获取汉语知识，提高汉语水平

受韩国教育方式的影响，韩国学生一般在汉语材料阅读上花的时间长，下的工夫大。他们往往借助汉语材料识记汉字、扩大词汇量、掌握语法规则、吸收文化知识等。从目前角度来看，阅读学习是韩国学生学习汉语的主要手段之一。

2. 初中级水平学生阅读中常采取语素推断和利用母语的策略

韩国学生大多有汉字基础，因此学生在阅读时常常通过字的结构或通过语素的意义来推断字词的意义，这些对韩国学生顺利阅读汉语文章有一定帮助。韩语中存在大量的汉字词，而且大部分汉字词与汉语对应词意义相同或相近，因此韩国学生在阅读时，习惯上借助母语进行信息编码并用母语编码储存汉语信息，也就是习惯于一边看汉语文章一边在大脑中将文章内容翻译成韩语，这种情况在初中级学习阶段表现尤为明显。

（二）韩国学生汉语阅读存在的一些问题

总的来讲，韩国学生汉语阅读水平较欧美学生要高，这一点在初中级阶段比较突出。不过，随着汉语学习程度的不断提高，韩国学生在阅读中存在的问题也越来越明显，从而严重阻碍其阅读水平的迅速跃进，其主要原因是：

1. 受传统的自下而上阅读模式的影响，过分注重字词，从而影响对文章的整体把握

过去很长时间，韩国汉语教学界普遍采用传统的语法——翻译法教学模式。一

些学生受此影响，在阅读汉语文本时常把书面符号看成一系列互不相干的单位组成。习惯于死抠字眼，依赖词典，孤立理解词语。这样做的结果是奔波字山、深陷词海，缺乏宏观视野，分散了阅读的注意力，导致信息零乱，阅读深度停留在字面理解层，影响对文本实质内容的理解。

2. 部分学生受汉语水平、文化背景等因素的制约，存在一定的阅读困难

韩国学生阅读汉语文章常常受汉语水平的制约，表现为词汇掌握得少（刘颂浩，1999；钱玉莲，2006）、汉语句子结构理解和断句困难等。尤其后两项是韩国学生较难克服的问题。韩语和汉语不属于一个语系，语法差别很大，汉语存在很多独特的句式，因此有些韩国学生尽管认识句子中的词语，但看不懂汉语的句子结构。韩语分词书写，韩国学生阅读韩语文章时基本不存在断句问题；而汉语不分词书写，学生阅读汉语文章时常常断不开句子，导致理解错误。

另外，文化差异、对文章内容不熟悉也是制约韩国学生阅读的因素。尽管中韩传统文化比较接近，但有些中国独特的文化传统韩国学生并不熟悉，尤其是近些年来中国社会快速变革，使一些韩国学生在阅读反映中国现代社会的汉语文本时抓不住要领，茫然失措。另外随着中韩各领域的交往不断深入，一些专业领域文本需要处理。由于中韩之间的种种差异，也导致韩国汉语学习者在对文本内容的理解上产生困难。

3. 阅读中缺乏大胆推断能力，影响文本理解的准确率

一般来说，中国人写文章比较含蓄，意在言外，而文本中作者的真实意图常常就是"言外之意"。这种言外之意往往不是通过字面理解获得的，而是需要根据语境，通过从与该句子相关的一系列事件中去推断和感悟，最终获得。这样的话，"阅读中文可能比其他语言要更多地使用语境、推测等思维策略，中文作为第二语言阅读比较有效的策略可能是语境策略和推测策略"。（钱玉莲，2006）

在阅读测试中，我们发现，一些韩国学生对单独的字词理解的题目得分率较高，但是对一些依靠上下文推断文本意思的问题得分率较低。主要原因是韩国学生长于对字词意义的理解，而在猜测推断时，由于缺乏对文本整体的把握，而怯于归纳和演绎，显得信心不足，勇气缺乏。

二、针对韩国学生的汉语阅读训练内容和方法

汉语阅读课的主要目标和任务就是培养学生的阅读理解能力，训练学生的阅读技巧，提高学生的汉语水平。阅读能力指学生通过识读领会理解汉语材料的能力，包括对汉语字、词、句、段落、篇章的理解能力；阅读技巧是指为达到阅读目标而采取的策略和方法，比如跳读、猜读、略读、细读、抓细节、找主旨等。

不同的学习阶段有不同的阅读目标，国家汉办于2002年颁布了《高等学校外国留学生汉语教学大纲（长期进修）》，对初中高不同阶段的阅读教学提出了明确的目标。

初级阶段学生要"能根据汉语拼音比较准确地读出汉字的读音，能借助词典阅读已学词汇占80%以上的文章，准确概括出文章的意思；在无词典的条件下，能克服非关键性文字障碍，理解已学词汇占90%以上的文章的主要内容。阅读速度达到90～110字/分"。

中级阶段学生要"能基本读懂一定工作范围内的应用文、一般科普文章、新闻报道、大学入系的基础课程教材等。速度为120～150字/分，具有跳跃障碍，了解大意，查找信息，吸收新词语的能力"。

高级阶段学生要"能读懂生词不超过4%、内容较为复杂、语言结构较难的原文，并能较为准确地理解文章中的深层含义；能借助工具书读懂一定范围内的工作文件和报刊上的一般性文章；有较强的快速阅读和查找信息的能力，阅读速度为200～260字/分；有较强的跳读、猜读和概括提炼的能力"。

我们参照《高等学校外国留学生汉语教学大纲（长期进修）》要求，认为针对韩国学生的阅读教学应训练以下几方面的内容：

（1）汉字（语素）的识读

（2）词语的认读与理解

(3) 句子的析读与理解

(4) 语段篇章的阅读与理解

(5) 阅读技巧的训练与培养

其中前四部分属于内容范畴,第五部分属于方法范畴,第五部分的一些内容将融合到前四部分中讲解。

(一) 汉字（语素）的识读教学

汉语的阅读要从汉字的识读起步。汉语是语素文字,一般来说,一个汉字基本上相当于一个语素,因此,识读汉字是读懂词句的基础。

汉字是以象形文字为基础发展起来的表意文字,字形与字义有着紧密的联系。尤其是现代汉字中有 90% 以上的形声字,常用汉字形声字形旁的表义率达 83%（施正宇,1992）。据测算,阅读中碰见不认识的形声字,先看声旁,再结合形旁去确定字义,成功率在 30% 左右。汉字的表义性以及汉字这一语素文字构词能力强的特点为提高阅读速度提供了天然有利的条件。（鲁宝元,1990）教学时,我们要重点教授学生汉字的形义规律,锻炼学生对汉字意义的感悟理解能力。

初级阶段阅读教学中,虽然一些韩国学生有一定的汉字基础,但其学习的汉字有限（仅 1800 字）,而且有些韩国汉字在形义等方面与汉语还有一定的差别,因此对韩国学生有必要加强对汉语汉字的识读。我们可以利用韩国学生的汉字基础和他们识记汉字的热情,有的放矢地教学。

1. 部首与语素识读

部首是根据汉字形义关系分析归纳出来的表示汉字义类的构形部件。同一部件的汉字往往具有相同的义类,如有"氵"部首的汉字,都与"水"有关系,如"江、河、湖、海、波、浪、潮、汐、泊、洗、漂……"。汉语的形声字中,绝大多数形旁具有意义提示作用。形声字中形旁有 167 个,教师可以利用汉字的这一优势有计划地说明这些形旁所显示的意义类属,帮助学生理解字义。如：

表2 汉字形义关系

部首	义类	例字
讠	和语言有关系	语、说、话
木	和树木有关系	林、柏、松
月	和身体器官有关系	背、肚、脚
饣	和饮食有关系	饼、饿、饥
皿	和盛东西的器皿有关系	盆、盘、盒
扌	和手有关系	提、拉、扔
心、忄	和心理活动有关系	想、急、恨
灬	和火有关系	热、煎、蒸
礻	和祭祀、神有关系	祭、祈、神

2. 部件与语素识读

有一些汉字属于象形字、会意字、指事字，其中有的字其部件或部件组合显示字义信息。如"川、休、刃、焚、众、森、淼、囚、掰"等，教师可以告诉学生汉字的造字理据，让学生体会汉字的形义关系。

教师可以通过一些练习，有意识地让学生通过字形线索寻求字义。如：

① 汉字义类归纳

归纳具有相同义类的汉字，并猜测可能的意义：

池、盒、英、热、汁、盆、花、瀚、盘、照、菜、煎

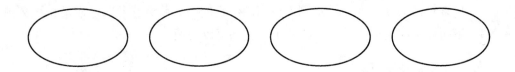

② 判断句中词的意义

a. 夜晚，节日的上海南京路，灯火<u>辉煌</u>，人来人往。

b. 北京的夏天，烈日<u>炎炎</u>，热气逼人。

上述练习，可以锻炼学生根据汉字形义规律判断推测汉语字词意义的能力。

尤其是第②题，学生可以根据上下文和字形的部首或部件推出画线词的意义。如 a 题：

辉　煌

晚上—节日—上海—灯火→　↓　↓　⇨　明亮、灿烂

部首→光　火

应该指出的是，通过汉字的部首或部件理解字义是阅读中的一种辅助方法。一些汉字经过长期演化，其字形、部首或部件已经不能显示意义或意义有了改变，如"东、杯"等，因此学生在阅读中根据汉字形体猜测的意义还要在上下文中检验方可认定。

（二）词语的认读与理解

一个人词汇量的大小跟阅读水平有直接关系，词语的认读教学和训练是阅读教学的重要一环，是提高学生阅读水平的基础和关键。调查显示，韩国学生认为阅读中最大的困难因素是词汇量少。（钱玉莲，2006）因此，训练学生在一定字量的基础上准确认读词语，增加词汇量，扫清阅读障碍，提高阅读水平，是汉语教师的重要任务。

不同阶段的词语教学侧重点不尽相同，一般来说，初级阶段的词语教学以识记为主，即以辨识词语，理解掌握词语的意义为重点。中级阶段以认读为主，即不仅掌握词语的意义而且了解词语的语义色彩及语用功能等。高级阶段应在对汉语词汇规律比较了解的基础上，使学生通过猜读等手段迅速扩大词汇量。

应该指出的是，上述只是侧重点不同，它们不是截然分开的，而是相互交融的，下面介绍的大部分教学方法各个阶段都可以使用。

1. 词语朗读与听写

这些是比较传统的词语认读方式，不过这些方式可以有效地让学生建立起词语形音义之间的关系。

2. 组词

可以给学生一个构词能力强的语素，让学生通过语素的组合组成词语。如：

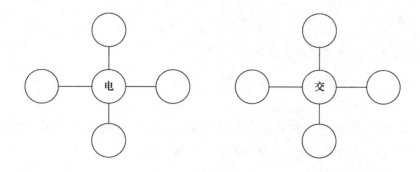

3. 词语联想

教师可以给一个主题让学生联想与之相关的词语，如：

公园→风景、花草、树木、游人、锻炼、漂亮……

韩国人→热情、努力工作、乐观、开车快……

4. 词语分类

例如：请把下列词语分成不同的类（至少分为三类，词语可以重复使用），请说明为什么这样分[①]：

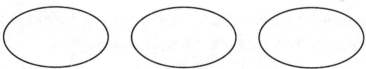

这种方法可以锻炼学生的思维能力，对提高阅读水平有一定帮助。

5. 词语猜读

猜读是很重要的阅读技巧，韩国学生常常对生词比较谨慎，不敢大胆猜测词语意义，过多依赖词典，因此教师在初中级阅读阶段就要锻炼学生大胆推测的能力。教师可以给学生一些句子或短文，让学生通过语境推断词语的意义。

比如，一些词比较陌生，学生没有见过，造成阅读障碍，教师要引导学生利

---

① 选自《博雅汉语·准中级加速篇Ⅰ》，北京大学出版社，2004年9月第1版。

用语境猜读词义①:

①猜测画线词语的意思

a. 这些票不能用了，已经作废了。

"作废"的意思是_____。

b. 这两年他频繁出国，先访问了美国、加拿大，后又去了西欧各国，最近又造访了泰国、印度、新加坡。

"频繁"的意思是_____。

②选择判断

事情本来好好儿的，可是谁也没想到，事到临头出了这么个岔子。

A. 主意　　B. 山路　　C. 意外　　D. 盆子

咱们喝完这杯白酒，再来一杯啤酒。

A. 喝　　B. 送　　C. 给　　D. 带

③阅读短文

自行车有坤车，手表有坤表。可是汽车业发展到今天，竟然没有专门为女性，特别是那些爱美的女性设计的汽车。汽车业的这种性别歧视，最近受到了德国妇女的强烈反对。

"坤"的意思是_____。

上面的问题中，"作废"、"频繁"、"岔子"、"坤"这些词都比较难，但教师可以引导学生通过上下文的同义反义线索猜出它们的意思。如：

不能用了⇄作废

频繁出国，访问了……很多国家，最近又……国家。频繁⇄很多次

本来好好儿的，可是……没想到，……出了……岔子→意外

喝完这杯白酒，再来一杯啤酒。喝⇄来

坤表……坤车……竟然没有专门为女性，特别是那些爱美的女性设计的汽车。……受到了……妇女的……反对。坤⇄女性

---

① 下文①题和③题选自吴门吉（2007）。

（三）句子的析读与理解

句子是语言交际的基本单位，句子虽然由词、短语组成，但读懂字词未必读懂句子，因为有时句子结构复杂，而且有些句子有其独特的句式意义。教师在对学生进行字词充分训练的同时，还要适时地将训练目标上升到对句子的析读和理解上，从而为阅读篇章打下坚实的基础。

1. 断句训练

韩语句子分词书写，词与词的界限很明显，因此基本上不存在断句的困难；而汉语实行词与词连写的方式，韩国学生不太适应，常常因断不开句子而误读。此外，韩国语词的形态丰富，词在句子中的角色比较清楚，而汉语词类与句子成分之间没有一一对应的关系，所以韩国学生常常因把握不准句子的结构而造成阅读上的困难。如下面这些例句：

① 开会时，他带着许多心理学词典。
② 今年上海市长江水上作业成绩喜人。
③ 已经毕业的和尚未毕业的学生都应该参加这次活动。
④ 智惠抱着我不下地狱谁下地狱的决心坚定地站了出来。

有的学生断不开句子将①②③句读成：

①′ 开会时，他带着许多心理｜学词典。
②′ 今年｜上海市长｜江水上｜作业成绩喜人。
③′ 已经毕业的和尚｜未毕业的学生｜都应该参加这次活动。
④′ 智惠抱着我｜不下地狱｜谁下地狱的决心｜坚定地站了出来。

造成这种情况的主要原因是学生没有搞清楚句子各成分之间的语法关系，从而影响到对句子的正确理解。

教师课堂上除了训练学生的词句理解能力和语法结构辨识能力以外，还要引导学生通过上下文去检查断句的准确性。上边的句子如果通过上下文检验一下，就可能发现理解的错误。如例①：

①″ 开会时，他带着许多心理学 词典，对大家提到的问题一一进行解答。

2. 长句理解训练

（1）抓主干

汉语中一些句子修饰成分多，句式复杂，学生常常找不到主语、谓语、宾语，影响理解。如：

① 三名持枪蒙面<u>歹徒</u>昨天下午三点左右在建设银行贵阳街分理处门口<u>劫持了一辆满载钱币的运钞车</u>。

② <u>一些人认为心理应该永远是稳定的，一旦异常就无法治疗的看法</u>，并不符合心理学的原理。

例①发生了什么？例②什么"不符合心理学原理"？课堂上，有些学生回答困难。

教师可以让学生"用缩略法"理清句子关系。因为句子复杂难懂，一个重要的原因是句子的修饰成分（如定语和状语）太长。句子可以简单划分为主语和谓语两部分，主语太复杂一般是因为定语太长或主语本身是个句子，谓语太复杂则常常是由于动词前状语太长或者后面的补语或宾语太长。所以遇到长句时，不要产生恐惧心理，要略过修饰成分，直接去找句子的主干——主、谓、宾，找到主干以后，再回来看修饰成分。如上面例①画线部分是主干——"歹徒-劫持-运钞车"；例②中画线部分都是定语，略过定语就找到了主干——"……看法，不符合心理学原理"。

教师要通过练习让学生获得迅速抓住主干的技能。如可以出一些选择练习：

③ （另一方面，）<u>家庭供养关系</u>，又受到（与经济基础相适应的）<u>政治法律制度和思想道德观念的</u>（影响）<u>与制约</u>。

这句话的意思是：

A. 供养关系与经济基础相适应　　B. 供养关系与法律道德相适应
C. 供养关系受法律和道德制约　　D. 经济基础受法律和道德制约

我们只要把括号内的部分略去，再把画线部分稍作简化，就能发现此题的正确答案是C。

（2）注意形式标志

长句子中有一些形式标志，比如重要的关联词语和标点符号等，这些在理解时很重要，教师要提醒学生注意，如：

④加快阅读速度与理解的充分似乎是互相矛盾的，二者不可兼得，<u>但其实二者是一致的</u>。

一些表示转折、对比的关联词常标示出段落的观点和内容将有方向性转变——相反的或不同的观点或内容会在后面出现。遇到这类词时要特别注意，那些变化了的观点和内容往往才是真正的主要观点，才是作者想要表述的重要内容。如"但、不过、然而、却、除非、否则、另一方面、表面上……其实……、反过来"等等，教师要提醒学生。

一些标点符号有时对阅读长句子也会起到重要作用，如：

⑤食盐除供人们食用外，还被誉为"化工之母"，可制取盐酸、氯气、烧碱、苏打等等。岂知，食盐还可用作盖房子、架桥、修公路的材料……
食盐被称为"化工之母"是因为：
A. 可以食用　B. 可以治病　C. 可制取盐酸等　D. 可作建筑材料
（正确答案 C）

练习时，很多学生选了 D，但如果注意到那个句号，就明白"食盐被称为'化工之母'"和"盖房子、架桥、修公路"没什么关系，教师应该让学生注意。

（四）语段篇章的阅读与理解

熟练而顺利地进行语段篇章阅读是汉语阅读训练的最高目标。语段篇章阅读是学生综合阅读能力的体现，因为语段篇章是比较完整的思想表达单位，学生阅读时，不仅要准确地理解字、词、句的意思，而且还要综合把握句子与句子之间的关系以及段落与段落之间的联系；更重要的是，学生必须运用一定的阅读技巧，才能驾驭全篇，达到阅读目的。

语段篇章的阅读与理解教学对学生的要求是：
（1）掌握所读材料的主旨和主要事实信息。
（2）跳跃障碍，捕捉所需的某些细节。
（3）根据所读材料进行引申和推断。
（4）领会作者的态度和情绪。

下面分别予以介绍。

1. 自上而下阅读，抓主旨

阅读文章材料首先要求读懂该材料的主要事实和大意。有的时候，韩国学生在阅读时常被字山词海所吞噬，不能从材料中跳出来、从更高的角度去俯视材料以领会作者的意图；也不能把全篇的信息点联系起来，从而推导出全文的中心。教师要讲授一些阅读策略，引导学生冲出迷雾，攻取要地。

（1）跳跃障碍抓大意

在材料阅读中，学生常常会遇到一些不认识的字词，教师需要做两件事：一是鼓励学生千万不要被这些障碍吓倒，这些字词也许不会影响对主旨的把握，要勇敢地跳过去。二是讲究策略，要从大局出发，不可在小的字词上恋战。如：

沙尘暴是一种风与沙相互作用的天气现象，即由于强风将地面沙尘吹起，使大气能见度急剧降低的灾害性天气。形成的原因是多种多样的，既有自然原因，也有人为原因，其中，人口膨胀导致的过度开发自然资源、过量砍伐森林、过度开垦土地是形成沙尘暴的主要原因，而且还加重了沙尘暴的强度和频度。

并不是所有有风的地方都能发生沙尘暴，只有在那些气候干旱、植被稀疏的地区，才有可能发生。沙尘暴多发生在每年的4—5月，形成沙尘暴的风力一般在8级以上，风速约每秒25米。此外，沙尘暴形成需要有充足的沙源，沙尘、沙粒能被风吹离地面。例如，我国西北地区森林覆盖率不高，大部分地表为荒漠和草原，就为沙尘暴的形成提供了条件。况且，贫穷的西北人民还想靠挖甘草、搂发菜、开矿发财，这些破坏行为更加剧了这一地区的沙尘暴灾害。裸露的土地很容易被大风卷起形成沙尘暴甚至强沙尘暴。

这段文字主要讲的内容是什么？

这段文字，虽然有很多难词，如"膨胀、频度、稀疏、覆盖、甘草、发菜、裸露"等，但我们可以都忽略过去，直接寻求大意。请看上段文字的开始就出现了"沙尘暴"这个词，以后多次重复出现该词（达10次），因此我们可以确定，这段文字讲的内容就是"沙尘暴"。

（2）注意材料的开头和结尾

有的文章或文章中段落的开头结尾很重要，因为文章的主要内容、结论往往就在开头和结尾的句子中。如：

现在，国际之间的技术贸易增长得特别快，比一般贸易的增长快得多。人们预料，今后技术贸易的比重会愈来愈大。过去完全靠买国外商品过日子，是不好过的。只有引进了技术，解决了自主技术问题以后，这种状况才能改变。因此，现在人们都重视从世界各国引进那些适应本国生产环境、条件的技术。

技术贸易有两种：一种是硬件贸易，就是买成套设备、元件、部件等。另一种是软件技术贸易，如买经验等。买经验是指请专家指导，或把介绍经验的材料买过来。

本文谈论的主要问题是：

A. 什么是软件贸易

B. 技术贸易及分类

C. 为什么要发展一般贸易

D. 技术贸易与一般贸易的相同之处

前面共有两段，每段的开头都提示了主要信息，学生如果把握住两段开头字体加黑两句的意思，那么就会很轻松地判断出 B 为正确答案。

（3）找出材料的关键句

有的时候，文章的主要信息没有在开头、结尾的句子里。它很可能藏在材料之中。这样，我们只有认真地找到它，才能轻松地掌握文章的大意。如：

球类运动是人们喜欢的一项运动，世界上有些国家有自己的"国球"，它或由政府正式命名，或为内外人士所公认。**国球一般是该国最广泛的运动项目**。如巴基斯坦的国球是曲棍球，巴西是足球，加拿大是冰球，印度尼西亚是羽毛球，而英国则是网球。

下面哪种说法正确？

A. 国球必须是政府命名的

B. 世界各国都有自己的国球

C. 国球必须是知名人士公认的

D. 国球一般是该国参加人数最多的一项运动

这段材料的关键句是文章中间的"国球一般是该国最广泛的运动项目"这一句子，抓住并理解它，那么，就会得到正确答案 D。

2. 自下而上阅读，捕捉细节

有时候不仅要理解文章的大意，而且要在此基础上理解和捕捉文章重要信息细节，这样才算真正读透了文章。一些细节常常包括文章涉及的时间、地点、相关人物和事物、关系、数字、原因、结果等等。教师可以针对学生的情况，有意训练学生对细节的捕捉能力，如教师可以采用类似阅读理解考试的方式训练：

> 羊是生活在陆地上的动物，但也有例外。非洲有一种生活在水里的"水羊"。这种羊双角弯长，眼睛是红色的，**身体比陆地上的羊大两三倍**，肚子下长着密密的"托毛"。
>
> 当地居民养水羊的很多，村边的小河边、水面上，水羊像鸭子、鹅一样到处可见。水羊以食水草为生，终年生活在水里，很少上陆地。成年的水羊可以像船一样做渡河的工具，也可以宰杀吃肉。
>
> 根据这段文字，与陆地上的羊比，水羊：
> A. 活得时间短
> B. 个头大得多
> C. 毛又稀又少
> D. 肉不太好吃

这个时候，教师要引导学生带着问题去读，如注意到"身体比陆地上的羊大两三倍"这句话，就可以顺利地判断出问题答案是 B。

3. 自上而下阅读与自下而上阅读结合，体会材料中作者（或相关角色）的情绪和态度

阅读文章不仅要读懂意思，而且还要从字里行间领会作者的主观倾向性，从中体会出作者的想法，这是更高层次上的理解。

汉语表达常常比较含蓄，有的时候，学生材料读得不透，或者对汉语表达方式不了解，感觉不到材料中一些语句的倾向性和作者在材料中融入的主观情感。

教师要进行正确的引导，让学生能够悟出文章的寓意，如：

  据有关资料介绍，全世界每年沙漠面积扩大 5～7 万平方公里，地球上的森林面积已由 19 世纪的 5 亿公顷减少到现在的 2.8 亿公顷。地球上动植物的减少也在加速。目前世界上有 60% 的地区水资源不足，另外，日益严重的水污染和大气污染，更加重了人类居住环境的恶化。地球是人类赖以生存的场所，人类必须学会控制自己，不使人口的数量增加到使自己难以生存的地步。
  读这段文字使我们感到作者的心情是：
  A. 气愤的
  B. 不安的
  C. 兴奋的
  D. 不在乎的

  前面谈到沙化的扩大、森林的减少等，文中就用了一些表示担忧的词"日益严重"、"加重了……恶化"、"必须……控制自己"、"不使……难以生存……"等。如果我们注意到了这些词语，就会感觉到作者对环境的担忧，因此 B 为正确答案。

  有时作者在一篇文章中，会提到不同的观点，不同的情况，不同的方面，他们各有理由。作者在文章中没有明确地提出赞成哪一方，反对哪一方，但作者有自己的态度。我们可以通过作者在文章中的着眼点、强调内容的不同推断出来。

  无论如何，名人总是名人，名人的形象、名誉总是比平常百姓的值钱，因而也更需要保护。但是，<u>既是名人，就不能拒绝社会公众舆论的监督，也没有拒绝公众舆论批评的权利</u>。因为，名人的公众舆论形象并不完全属于他们自己的，他们是社会财富的一部分。至少，就像名人拥有捍卫自己名誉不受侵犯的权利一样，公众则拥有对这种权利品头论足的权利。这种权利也是应当予以尊重并加以保护的。
  ① 本文特别强调了下列哪种权利？
  A. 百姓名誉不受侵犯的权利
  B. 公众评论批评名人的权利

C. 名人使用自己财富的权利

D. 名人保护自己名誉的权利

② 作者认为，名人不接受舆论批评：

A. 是没有道理的

B. 公众也应理解

C. 只是个别现象

D. 百姓也没办法

材料尽管肯定了名人保护自己名誉的权利，但更强调公众评论、批评名人的权利。教师要让学生注意"……，但是……"句式，这种句式强调的重点往往是"但是"后边的部分。从篇幅上看，强调公众评论名人合理的内容更多，这样我们就会看出作者的态度了，所以①题的正确答案是B。我们知道这个规律，着重理解材料上画线的句子，那么就会得出②的正确答案是A。

教师在阅读课上要适当地给学生介绍一些表示主观倾向的功能词语或句式，让学生阅读时注意，如：

（1）语气副词

表示强调：分明 明 明明 显然 无疑 恰恰 反正 横竖 又 都 还

表示不以为然：无非 不过 才 就

表示夸张：纯粹 简直

表示意外：竟然 居然 竟

表示醒悟：原来 难怪 怪不得

表示转折：其实 但 却 反而 反倒 可 才

表示侥幸：好在 亏 幸而 幸好 亏得 多亏 幸亏

表示追问：到底 究竟

表示趋利避害：宁 宁愿 宁可 宁肯

表示果断选择：干脆 索性

表示强势表态：偏偏 偏 就 愣 非 硬是 断然 反正

表示料定：果然 果真

表示让步转折：终归 终究 总归 毕竟 究竟 到底 可 愣

（2）语气词（不同声调可能表示不同的意义）

啊 吗 嗯 的 嘛 嘞 吧 呗 唉 诶

（3）能愿动词

肯 会 可以 应该 敢 愿意 必须 得

（4）相关句式

连字句、"非……不"句、"是……的"句、"爱……不……"句……

4. 根据材料中提供的信息点进行归纳和推理

有时，只读懂文章句段还不行，我们还要对整个材料进行适当的归纳和推理才能抓住要领。

（1）教师要引导学生跳出材料，抽取材料的关键信息点，进行适当归纳。如：

流言，无时无处不存在，是社会一大公害。

流言是没有根据的传言，或者说是人们互相传播而无任何根据的信息。

流言是一个没有良心的怪物，不知摧残了多少人的心灵……

要不相信流言，需加强自身修养，提高判断能力。据一项调查，<u>男性比女性更容易相信流言</u>；<u>文化素质低的比文化素质高的更容易相信流言</u>；<u>个人经历不顺的人</u>也容易听信流言。当然，这是就一般情况而言，与上述情况相反的也不少见。每个人应从自身的实际出发，不断提高自己的思想道德和文化素质，提高自己辨别是非的能力，做一个不传流言的人。

本文最后一段主要分析了流言：

A. 包括哪些类型

B. 容易欺骗哪种人

C. 是什么人制造的

D. 随时随地都能听到

教师可以引导学生归纳，文章列举了三种人：

① 男性
② 文化素质低的（人）　☞ 容易相信流言的人
③ 个人经历不顺的人
⬇

本文最后一段主要分析了流言： **B. 容易欺骗哪种人**

教师在上课时提醒学生注意，归纳时一定要抓住关键论据，才能推出正确的答案。

（2）理清文中的逻辑关系

有的时候，推理是一个连续的过程，教师要引导学生抓住其中的逻辑线索，一步一步地推导。请看下例：

穿着打扮本是个人的爱好，他人无权干涉，但是，曾经住过医院的人一定会有这样的感受，当一名<u>不讲究仪表、仪容，穿戴又极其随便的护士</u>走近你的身边时，你的<u>感觉不会太好</u>，甚至有可能<u>对她的护理水平、工作态度产生怀疑</u>。而当病人一旦对护理人员<u>产生了不信任感</u>，往往会<u>出现抵触情绪，影响病人与护理人员的合作</u>，<u>更不利于病人的治疗和康复</u>。反之，一个注重仪表、仪容和穿戴得体的护士，肯定会受到病人的尊敬，病人也容易对这样的医护人员产生信任感。<u>可以这样说</u>，护理人员注意个人外表修饰，有利于同病人的沟通。

根据前面，医护人员的穿着：

A. 别人管不着

B. 决定护理水平

C. 是个人自由

D. 影响医疗效果

教师可以提示文中的逻辑线索：

不讲究仪表、仪容，穿戴又极其随便的护士──→（病人）感觉不会太好，──→怀疑──→出现抵触情绪，影响合作──→更不利于病人的治疗和康复──→**影响医疗效果**。

把握住了这个逻辑线索，那么就能得出正确答案 D。

（3）从一般规律演绎出个别结论

阅读文章不只采用归纳法，还常常采用演绎法。例如：

笑是精神愉快的一种表现，一般说来，它对身体是有益的。笑能使肌肉放松，头脑清醒，消除疲劳。笑还可以促进食欲。但有时笑又是有害的。例如，进餐时大笑，容易使食物进入气管；工作中嬉笑打闹，易造成事故。

根据前面，什么时候最好不要大笑？
A. 实验获得成功时
B. 工作感到很累时
C. 吃最喜欢吃的东西时
D. 听到一个有趣的故事时

上述答案中的四种情况文章中都没有直接提到，但指出"进餐时大笑，容易使食物进入气管"，这是一般的概括，那么我们就能推出"吃最喜欢吃的东西时，最好不要大笑"的个别结论。图示如下：

<u>进餐时大笑，容易使食物进入气管</u>　　　　　　（一般概括）
进餐包括吃最喜欢吃的东西　　　　　　　　↓
────▶<u>吃最喜欢吃的东西时</u>，最好不要大笑　　（个别结论）

（五）提高阅读速度的方法

又快又准地阅读是训练阅读技能的目标。在阅读过程中，如何实现这一目标是教师训练学生阅读技能的重要一环。除了上述一些方法外，教师在训练时，可以采用限时阅读的方法，先给学生一些问题，然后让学生在规定的时间内完成阅读、回答问题。限时阅读时，教师要引导学生注意以下几个问题：

1. 脱离词典

如何让学生脱离词典是进行阅读训练的一个重要步骤，逢词必查是不可能提高阅读速度的。应该让学生形成从上下文中推导出词义的习惯，引导他们通过广泛阅读来有效地扩大词汇量，从而摆脱过分依赖词典的习惯。

2. 扩大视野

在阅读时要有意识地摆脱一个字一个字地阅读的习惯，要逐渐扩大视幅，以意群为单位阅读。

3. 避免指读、唇读和默读

有许多韩国学生喜欢一边阅读一边用手或笔指点字词或在心里默默地念出所读内容，这都是不良的阅读习惯。因为大脑思考的速度远远快于手指移动和发音的速度，所以指读、唇读和默读都会极大地降低理解速度，要尽力避免。

4. 眼动头不动

有些韩国学生阅读时头会随着视线的转移而来回移动，这也会影响速度，因为眼球的转动速度大大快于头的移动速度，因此这种习惯也要尽力避免。

5. 标记要点

阅读时可以在重要的信息点上做标记，比如画线等，但不要处处标记。有的学生喜欢在句子下面一边画线一边阅读，读完后纸面乱七八糟。这种习惯既浪费时间，又会给自己制造不必要的麻烦，因此也应着力避免。

三、汉语阅读课堂教学的环节和策略

第二部分介绍了汉语阅读训练的内容和方法,反映到课堂教学上,教师可采取以下步骤和策略①。

（一）阅读导入

课前教师要布置作业,让学生查找跟阅读材料有关的背景资料。上课时,教师可以通过提问、图片、影像等手段导入,引导学生初步了解阅读材料。如阅读教学《中华民族的母亲河——黄河》一文②,可以事先让学生观看有关黄河的影像,然后让学生回答：

（1）你去看过黄河吗？请说一下你亲眼看到的黄河是什么样子。/ 描述一下录像上黄河的情况,以及你看过后的感受。

（2）请你说一下黄河对中国社会历史的影响。

（3）韩国的母亲河是哪一条？请描述一下。

……

学生说完后,教师可以补充提供一些文字资料,让学生对中华民族的母亲河——黄河有一个清楚的认识。然后告诉学生,如果你想对黄河有更多了解,请阅读我们的文章吧。

这样做的好处,一是可以增强学生的兴趣和对材料的好奇心理,有效解除学生的紧张情绪,使学生能够轻松地进入状态；二是通过对材料主题的介绍,可以适当排除阅读上的一些障碍。

（二）第一次阅读

提出问题,限定时间,进行第一次阅读。

---

① 一般来讲,字、词、句阅读和训练是篇章阅读的准备阶段和组成部分,语段篇章的阅读是阅读课的完整形式,所以我们对阅读课堂教学的介绍从语段篇章教学入手。
② 全文请见附录。

1. 教师给学生一些问题,并限定 4 分钟完成:

(1) 黄河的水为什么是黄色的?
(2) 为什么说黄河是中华民族的摇篮?
(3) 1949 年以后,中国人民对黄河进行了什么治理工作?
(4) 黄河文明有多少年的历史?

2. 学生完成阅读后,让学生回答问题,教师进行纠正。

(三) 再次带着问题去阅读和回答

这次阅读主要是学生在教师讲解的基础上,限定更短的时间,有针对性地检查自己在阅读中的问题及漏洞,加深对材料的理解。

学生可用相互讨论的方式,检查回答问题,并讨论不理解的词句。

(四) 领读和朗读

初中级课堂阅读阶段,教师应对课文进行示范性领读。领读可以使学生体会和模仿教师的语音、语调,以及说话节奏和轻重音的变化;可以让学生进一步理解课文中词、句、篇章的大意,同时还可以使学生领悟到语义单位的切分规律和词语间的语法关系。所以领读也是一种阅读技巧的示范活动。

朗读不但可以增强学生对材料的体会和理解,加深记忆,而且能够有效地检查学生对语音及其变化规律的掌握情况,还可以检验学生对词义、句义、词语间的语法关系的理解程度。教师在学生朗读后,要恰当地正音、正调,纠正语义切分上的错误,解决语气不连贯、念不成句等问题。这样对迅速提高学生的汉语水平以及语言技能有较好的作用。(王秀云,1990)

(五) 关键词句分析理解和练习

在回答问题和阅读朗读之后,教师根据学生在阅读中的表现和出现的问题,对一些关键词语和难句进行适当引导和训练。教师可以提出一些有关词句的练习,让学生回答和训练。如:

(1) 词语

① 组词:
_____ 飞腾　_____ 清澈　_____ 冲刷　治理 _____　创造 _____

②用学过的词语回答问题：
    A. 韩国开发过什么水利枢纽？
    B. 韩国在水土保持上做了什么努力？
    C. 汉江应该是韩国文明的摇篮吗？

（2）句式

① 发源于……，经……，流入……

② ……，加上……

（3）难句理解

在下游加固黄河大堤，引水灌田；在上游造林种草，实现水土保持；在上中游建立大型水利枢纽和中小型水电站。

通过提问，学生能够理解并正确回答的词句，教师就略过不讲；学生不能理解掌握的词句以及重要的句式，教师要加强引导和训练。

（六）概括和延伸

在扫除字词句的障碍以后，教师可以引导学生进行深度阅读。

1. 概括段落大意

教师可以让学生概括各段的主题，并说明各段之间的内在联系。

2. 总结全文的主旨

让学生说出该材料的中心思想。

3. 复述课文材料

让学生用自己的话将全文的梗概叙述出来。

4. 延伸阅读和讨论练习

教师可以提供一篇有关韩国河流（海洋）及其治理的文章，让学生对比阅读。这样可以进一步拓展学生的知识面，增强学生对所学知识的运用，锻炼阅读技能，提高阅读水平。

教师可以设计一些延伸练习，如分段阅读，预测下一段的内容；打乱材料的句子或段落顺序，让学生重组；通过表格、图示转换阅读信息；就材料中涉及的问题展开延伸讨论等。

附录

中华民族的母亲河——黄河

黄河是中国的第二条大河。黄河发源于青海省巴颜喀拉山的北坡，经青海、四川、甘肃、宁夏、内蒙古、山西、陕西、河南、山东9个省、自治区，流入渤海，全长5464公里。从地图上看，黄河就像一条黄色的巨龙飞腾在中国的北方。

大家都知道黄河的水是黄色的。其实，在黄河上游，河水是很清澈的，黄河水变黄是在中游。中游地区是著名的黄土高原，奔腾的河水把大量的黄土冲刷到河里，加上夏天暴雨的冲刷，河水就变成黄色的泥流了。黄河每年要把大量泥沙带到下游，其中有4亿吨泥沙沉积在河底，时间一长，下游的河道就成为高出两岸平地的"地上河"。过去，凶猛的黄河水常常冲破堤岸，造成水灾。1949年以后，中国人民进行了大规模的治理开发黄河的工作。在下游加固黄河大堤，引水灌田；在上游造林种草，实现水土保持；在上中游建立大型水利枢纽和中小型水电站。今天，多灾多难的黄河已经发生了巨大的变化，但是，治理黄河的工作仍然是很艰巨的。

黄河是中华民族的摇篮。滚滚东流的黄河带来了土地肥沃的平原、水草丰美的牧场，很适合农业和牧业生产。中华民族的祖先很早就在黄河流域生活了，古代，在大多数时间里，黄河流域是中国政治、经济和文化中心，许多朝代的都城，如安阳、长安（西安）、洛阳、咸阳、开封都在黄河的两岸，这些地方有数不清的名胜古迹。五六千年来，中国人民在黄河流域创造了灿烂的历史和文化，今天，这种创造仍在继续之中。

延伸阅读

汉江——韩民族的母亲河

韩民族的母亲河——汉江流载着五千年来韩民族的喜怒哀乐及悲欢离合，自古汉江流域就孕育着生生不息的各种生灵，不仅为韩民族带来了无穷的希望和传奇，也是无数动植物的乐园。有580种植物与54种水生昆虫在这里生活，每年冬天还有35种候鸟会来到汉江安家落户，其中包括绿头鸭、斑嘴鸭、白尾雕、鸳鸯、天鹅及红隼等珍贵稀有鸟类。

汉江全长500多公里,仅次于鸭绿江、图们江及洛东江,是韩半岛的第四大江。汉江由南汉江及北汉江汇流而成,其中南汉江长394.25公里,发源于江原道三陟市大德山;北汉江长325.5公里,发源于金刚山。整个汉江流域约26,219平方公里,约占韩国总面积的27%。

汉江流域自史前时期就是韩民族神圣的家园。这里遗留着许多历史的痕迹,例如六七十万年前旧石器时代的南汉江丹阳旧石器遗迹,以及岩寺洞新石器时代遗迹等等。14世纪末,随着朝鲜王朝定都汉阳(今首尔),汉江的影响力更是与日俱增。汉江犹如一条银色的光带守护着首都的安宁。日夜不息缓缓流入大海的江水、穿梭于汉江的船只及往来于汉江的人群,也让整个韩半岛充满生气与活力。

杨花大桥

麻浦大桥的桥畔公园

汉江在韩国人民心中是神圣的,它不仅哺育着两岸千百万民众,而且创造出韩国经济的"汉江奇迹"。汉江自东向西,贯穿首尔中心,将首尔分为江南、江北两大板块。汉江流经首尔的部分虽然只有60多公里,江上却有24座桥,平均每3公里一座桥。这些桥犹如一道道彩虹,将首尔南北连接起来,成为首尔经济和交通的大动脉。韩国人誉之为经济发展的"生命线"。

无论春夏秋冬,每当傍晚时分,站在首尔南山上,面对绚丽的夕阳,放眼向汉江望去,每座大桥形态各异,身披金辉,极其壮观,形成汉江上一道独特的风景线。

参考文献

[1] 刘颂浩.阅读课上的词汇训练[J].世界汉语教学,1999,(4).

[2] 鲁宝元.对外汉语教学中的快速阅读训练[J].世界汉语教学,1990,(1).

[3] 钱玉莲.韩国学生汉语学习策略研究[D].南京大学博士学位论文,2005.

[4] 钱玉莲.韩国学生中文阅读学习策略调查研究[J].世界汉语教学,2006,(4).

[5] 施正宇.现代汉语形声字形符表义功能测查报告[J].北京师范大学学报,1992(增刊).

[6] 王秀云.初级汉语阅读课的教学方法[J].语言教学与研究,1990,(2).

[7] 吴门吉.阅读课教学方法探讨[A].汉语教学与研究(第7辑)[C],首尔:首尔出版社,2007.

第四章
汉语听力课教学的方法与技巧

在人们的日常语言中,"听"居重要地位。有研究资料显示,在当今人类语言交流中,听占45%,说占30%,读占16%,写占9%。卡尔·韦弗(Carl Weaver)甚至认为"听是交际活动的中心"[①]。

语言学习也是这样,在语言听说读写四大技能训练中,人们将"听"列于首位。因为没有可理解的输入,就没有有效的输出。也就是说,只有听懂了,有了足够的输入,才能促进其他方面的提高。因此,听力理解是其他技能和整个语言认知发展过程的基础。杨惠元(1992)指出,"教授和学习任何一种语言都是从听到说、从听到读到写。听说读写,称之为'四会','听'是四会之首"。

听力理解是一个积极主动的心理认知过程,是语言能力、背景知识和思维能力协同作用的结果。在听力理解过程中,人们要运用一定的策略,在有限的时间内对信息进行快速地筛选、储存、加工和提取,这就需要语音接受者具有一定的语言处理技能。

就韩国学生来讲,汉语听力理解往往是最难掌握和提高最慢的一种技能,这种状况直接影响了其他技能的提高。因此如何采取一定的措施,提高学生的听力水平,成为中韩汉语教师共同关注的一个问题。

[①] 参见马燕华(1995)、张璐(2007)。

4 장
중국어 듣기 과목 교육의 방법과 기교

사람들의 일상 언어에서 "듣기"는 중요한 위치를 차지한다. 현재 인류의 의사소통 과정에서 듣기 45%, 말하기 30%, 읽기 16%, 쓰기 9%를 차지한다는 연구 결과가 있다. Carl Weaver는 심지어 "듣기가 의사소통의 중심이다"라고 여긴다. 언어 학습도 이와 마찬가지이다. 듣기 말하기 읽기 쓰기의 네 가지 언어 능력에서 "듣기"를 최우선적으로 생각한다. 제대로 이해한 내용이 입력되지 않고서는 효과적인 출력이 있을 수 없다. 다시 말하면 듣고 이해해야만 제대로 입력될 수 있고 제대로 이해해야만 다른 영역의 수준 향상을 이끌어 낼 수 있다. 따라서 듣기 이해는 다른 능력과 전체 언어 인지 발전 과정의 기초가 된다. 杨惠元(1992)은 "모든 언어는 교육과 학습이 듣기에서 말하기, 듣기에서 읽기, 듣기에서 쓰기로 이루어진다."고 주장한다. 듣기 말하기 읽기 쓰기의 "4가지 학습 능력" 중 "듣기"는 가장 중요한 위치를 차지한다.

듣고 이해하는 것은 적극적이고 능동적인 심리적인 인지 과정이며, 언어 능력, 배경 지식이 사유 능력과의 상호 협력을 이루어낸 산물이다. 듣고 이해하는 과정에서 일정한 전략을 활용하여 제한된 시간 안에 빠르고 신속하게 정보를 선택, 저장, 가공, 추출하는 것은 말소리를 받아들이는 사람이 일정한 언어 처리 능력을 갖춰야 한다.

한국 학생에 있어서 중국어 듣기 능력의 향상은 가장 힘들고 가장 늦은 부분이다. 이것은 다른 능력의 향상에도 직접적인 영향을 주고 있다. 어떠한 방법으로 학생들의 듣기 실력을 향상 시키느냐는 것이 한국과 중국의 중국어 교사들의 공통된 관심사이다.

一、韩国学生汉语听力理解的特点及存在的问题

（一）韩国学生汉语听力学习的特点及问题

1. 在汉语学习中，听力是较为薄弱的环节

正如前面提到的，听力理解是韩国学生最难掌握和提高最慢的技能之一。据统计，HSK 考试中，韩国学生在听力理解、语法结构、阅读理解、综合填空四项技能的测试成绩中，听力理解始终得分最低。（寒宇，1997）就目前情况看，韩国学生在听力环节上的滞后现状，已经成为学生全面提高汉语水平的主要障碍。

2. 在接受汉语语音信息时，情绪较为紧张

一般情况下，韩国学生在用汉语交际，尤其是同中国人用汉语交流时，常常比较紧张；在汉语听力练习和考试中，自信心较差，焦虑感较强，致使考试成绩低于实际水平。

听力理解不是一种单纯的语言信息解码过程，而是一个主动积极地对信息进行认知加工的心理语言过程。学生在这个过程中，其动机、态度、兴趣以及情绪状态都是非常重要的制约因素。当人的情绪处于紧张、焦虑状态时，就容易产生恐惧心理，导致注意力分散甚至思维停滞，从而影响对材料的理解。因此，韩国学生的紧张情绪不利于对语音信息的接受和处理。

3. 依赖母语和汉字

一些韩国学生，尤其是初、中级阶段汉语水平的学生在接收、加工汉语语音信息的过程中，往往要借助于韩语的言语系统去分析和提取汉语的语言单位，而不是直接将接收的言语信号跟汉语建立联系。此外，由于韩国学生有一定的汉字基础，不少人在进行听力理解时，首先凭借语音找出相对应的汉字，然后再进行

意义方面的加工。(马燕华,1999)

听力理解有很强的时效性,这种间接的处理方式,直接耽误学生对汉语信息的处理速度,造成听力的障碍,从而影响学生听力活动的顺利进行,汉语教师应该采取措施引导学生用汉语直接解码语音信息。

4. 不能很好地掌握和运用听力理解的策略

听力理解是一种综合心理认知过程,具有较强的规定性,与其他技能相比,其时效性更强,这就更需要学生具备一定的技巧和策略。有的学生对汉语信息的预测、猜测、跳跃障碍以及宏观把握能力水平还不高,常常纠缠于一时的语音、生词或短语障碍,结果耽误了听力的顺利进行。

5. 受语言文化等方面因素的制约

(1) 语音语调

汉语的语音系统与韩语的语音系统存在着很大区别,一些初学汉语的韩国学生不能准确捕捉和处理语流中的语音符号和语调信息,常出现茫然和误判的情况。

(2) 词汇

韩国学生虽然有一定的汉字基础和汉字词优势,但是由于他们不能有效地辨识语流中的汉语词汇,所以常常存在着听力词汇量低于阅读词汇量的问题(余文青,1999)。此外,汉语的一词多义和同音异义现象很多,也对学生的听力理解造成一定的困难。

(3) 句法结构

汉语的句法结构不同于韩语,一些学生虽然能够理解句中的词语,但由于对汉语的句法结构和句法功能不理解,常出现难解和误解的现象。

(4) 文化知识

有的学生由于对中国文化不了解,影响对汉语语流信息的理解。中国文化知识包括一些中国社会文化背景以及汉语特有的成语、谚语或典故等。如"说曹操,曹操到"[1],一些韩国学生虽然知道"曹操"这个历史人物,但对有关曹操的这个典故不明白,因此在听力理解时常常不知所措。

---

[1] 韩语有类似典故"说老虎,老虎就来了"(호랑이도 제 말하면 온다더니.)。

（二）听力学习特点和问题的原因分析

上述现象大多是受韩国的教育背景和学生的性格行为特点影响造成的，下面我们分析一下。

1. 韩国教育方式的影响

过去很长一段时间，韩国外语教育方式基本上采用传统的语法—翻译法。这种教学方法用母语教学，重读写，轻听说。口语教学局限于使学生掌握词汇的发音上。不注重语言的实际运用，只强调书面语的阅读能力。以应试为目的，语法被当做语言学习的核心。课堂管理采取教师权威模式，将教学视为教师向学生灌输知识的单向行为，教师系统传授，学生全盘接受。

韩国学生长期接受这种教育方式，许多学生习惯之并对其产生依赖感。表现为虽然大部分学生具有明确的目标，但在学习上比较习惯被动地接受。在技能训练上注重读写，不太主动去听和说。

在进行听力理解时，常常依赖母语，习惯于采取"自下而上"的模式，过分注重字词的理解，而疏于运用语境、猜测、跳跃障碍等技巧。

2. 韩国学生性格及学习行为特点

一般来说，韩国人讲究尊卑观念，他们的国民认同感、集团意识较强。受韩国文化的影响，韩国学生在长辈、陌生人或不熟悉的人面前比较拘谨、羞怯、被动。反映在学习行为上，就是韩国学生课后常常同本国朋友聚集在一起用母语交流，除非必要，一般避免主动用汉语与老师及中国人进行听说活动。由于学生汉语听说机会少，他们的听说技能相对滞后，因此用汉语交流时常常比较紧张。

此外，很多韩国学生采用突击学习的方法学习汉语，即常在考试或老师检查前熬夜、连轴转集中学习。这种方法虽然可以在短时间内完成部分学习任务，但是语言学习，尤其是听力理解水平的提高是靠不断积累逐步实现的，因此韩国学生欲达到提高听力水平的目的，就更应该注重将工夫花在平时。

3. 应试思维的影响

很多韩国学生做事注重结果，常将成绩放在第一位。在练习，尤其是考试时过分紧张和焦虑，增加了听力理解的负担。受情绪的影响，听力理解结果常常低于学生的实际水平。

二、针对韩国学生汉语听力理解训练的内容和方法

汉语听力理解的主要任务就是通过专门训练,锻炼学生听力适应能力,培养学生语感,训练学生听力技巧,增强学生对汉语语音信息的接收和解码能力,提高学生的听力理解水平。

不同的学习阶段有不同的听力目标,国家汉办于2002年颁布了《高等学校外国留学生汉语教学大纲(长期进修)》,对初、中、高不同阶段的听力教学提出了明确的目标。

初级阶段学生要能基本听准普通话的声、韵、调,能听懂教师用较慢的普通话所作的讲解;具有初步的猜词能力,在具体的语境中能听懂日常生活中如见面、介绍或购物时的简单谈话,了解他人对某一事情叙述的基本内容,理解说话人的主要意图。语速为120～140字/分。

中级阶段能听懂用标准普通话或略带方音的普通话所说的、语速正常的(180～220字/分)、有关一般日常生活和社交活动的会话、一般性交涉或业务交往的谈话、大学入系基础课程的课堂讲解、题材熟悉的新闻广播等。

高级阶段能听懂用普通话或略带方音的普通话所作的语速稍快的、内容较复杂的讲话或会话,以及语速正常或稍快的广播、电视中的新闻类节目,语速为200～240字/分。

我们参照《高等学校外国留学生汉语教学大纲(长期进修)》要求,认为针对韩国学生的听力教学应训练以下几方面的内容:

1. 语音听辨
2. 词语听辨
3. 句子理解及技巧
4. 会话理解及技巧
5. 短文理解及技巧

下面我们分别进行解释。

（一）语音音节及音位听辨

语音听辨主要训练学生对汉语音节包括声母、韵母和声调的辨别能力、对语流音变的适应和听辨能力等。

1. 声母听辨

声母听辨的方法一般有：

（1）听录音或教师读音素，学生辨识出所读声母。

（2）听录音或教师读音节，学生辨识出音节中的声母。如：

　　① 请写出所读音节的声母：

　　　　xiaofang　　＿＿＿　　＿＿＿

　　　　zhishi　　　＿＿＿　　＿＿＿

2. 韵母听辨

跟声母听辨一样，方法一般有：

（1）听录音或教师读音素，学生辨识出所读韵母。

（2）听录音或教师读音节，学生辨识出音节中的韵母。如：

　　② 请写出所读音节的韵母：

　　　　yushui　　　＿＿＿　　＿＿＿

　　　　mozhang　　＿＿＿　　＿＿＿

3. 声调听辨

（1）听录音或教师读有声调的音节，学生辨识四声。如：

　　③ 请写出所读音节的声调：

　　　　shé　　＿＿＿

　　　　nòng　＿＿＿

（2）也可以让学生辨识出语流中各音节的声调。如：

④ 请写出句子中各音节的声调：

Wǒ　shì　Zhōng　guó　rén.

── ── ── ── ──

（3）学生有了一定的辨音能力和汉字基础后，可以训练学生对语流音变的适应能力。如：

⑤ 听录音写句子：

Wǒ mǎile yì bǎ xiǎo yǔsǎn.

_____（我买了一把小雨伞。）

训练语音的方法很多，教师要调动各种手段，如可以采用听说、听写、听做（动作、游戏等）结合的方式，激发学生的兴趣，让学生在训练的时候切实提高自己的辨音水平。

（二）词语听辨

词语是听力理解的基本听辨单位，学生要在短时间内对听力材料做出迅速的反应，大脑中储备的语言词汇量和熟练程度起决定作用。词语听辨要重点训练学生听音辨义的熟练水平和对词语的准确理解能力。

1. 词语的音义训练

（1）听辨词语

教师读词语或句子，让学生按要求选出所听到的词语。如[①]：

① 从所给的词语中选出你所听到的

教师（读）：校长　邮局　下雨　上午　四个

学生（选）：小张　操场　由于　邮局✓　下午　下雨✓

商场　上午✓　十个　四个✓

② 听句子，选出你所听到的词语

教师（读）：

a. 结婚是生活中的一件大事。

[①] 选自《新中级汉语听力》，刘颂浩、马秀丽编著，北京大学出版社，2003年12月第1版，有改动。

b. 这么简单的道理你竟然不知道?
c. 自从交了女朋友,他就不好好儿学习了。
d. 麻烦你给小王打个电话,今天下午不开会了。

学生(选):
自从 ✓ 竟然 ✓ 给 ✓ 并 某 之中 结婚 ✓

(2) 听音写词语

教师(或用录音)读出学生学过的词语,学生辨识并写出该词语。如:

听读写词语

yóuyú _____   pángbiān _____

yóujú _____   fángjiān _____

(3) 听音写数字

① 写出听到的数字

sān_____ qīshí_____ sìshísì_____

② 写出你听到的句子中的数字

Xiǎo Wáng de diànhuà hàomǎ shì yāo wǔ líng qī sì bā jiǔ sān liù èr sì. (小王的电话号码是15074893624。)

_____

(4) 听句子写出词语

① 听句子填空

a. 我到我们_____(gōngsī)去领_____(gōngzī)。

b. 小王买完_____(bēizi)又买了一个_____(bèizi)。

② 听句子,写出两个句子中相同的词语

a. 星期天我去市场买了些水饺。

b. 学校食堂的水饺经常不好吃。

相同的词语是:_____(水饺)

(5) 听一段话,辨析词语

我们先去了日本,然后又到了英国、美国,最后到了中国,从那儿坐飞机返回韩国。

这段话没有提到的国家是：

A. 美国　　B. 日本　　C. 法国 ✓　　D. 中国　　E. 英国

2. 词语听辨扩展训练

（1）听辨非同类词语

教师读一组词语，让学生挑出不是同一类属的词语，如：

厨师　菜单　啤酒　古老肉　干杯　书店 ✓

（2）听词语写出或说出反义词/同义词，如：

积极_____　　复杂_____　　冷淡_____

3. 词语理解训练

学生应不仅能听音辨词，而且还能听词辨义。尤其是一些惯用语等，字面不能反映词义，要求学生特别注意。如：

不得了：表示情况严重。

一个劲儿：不停地。

说梦话：比喻说些不实际、不能实现的话。

说不上：因了解不够、认识不清而不能具体地说出来。

来劲儿：有劲头儿。

开快车：(教学、施工等方面) 快速地做。

吹牛：说大话；夸口。

看中/看上：经过观察，感觉合意。

戴高帽（子）：对人说恭维的话。

倒 (dǎo) 胃口：因为腻味而不想再吃；比喻对某事物厌烦而不愿接受。

赶时髦 (máo)：迎合当时最流行的风尚。

赶得上：追得上；跟得上；来得及。

家常便饭：本指家庭日常的饭食，比喻经常发生、习以为常的事情。

喝西北风：指没有东西吃，饿着肚子。

开绿灯：比喻对别人的行动不加阻拦，提供方便。

拿手戏：指最擅长的技术、本事。

露一手／露两手：显示某种本事给人看。

留后手／留后路：为避免将来发生困难，采取留有余地的措施。

热门（儿）：吸引许多人的事物。

冷门（儿）：很少有人从事的、不时兴的工作、事业等。

马大哈：指粗心大意或粗心大意的人。

拍马屁：巴结、讨好别人。

交白卷：比喻没有完成任务。

泼冷水：比喻打击人的热情。

妻管严：指男人怕老婆。

走老路：比喻重复过去的旧办法或者老样子。

走下坡路：比喻越来越差，走向没落、衰亡。

走着瞧：暂时不与对方论高低，到最后再看胜负。

纸老虎：比喻外表强大凶狠而实际空虚无力的人或集团。

训练方式可以采用选择判断式，如：

① 知道自己又没考好，王芳恨不得大哭一场。

　"恨不得"的意思是：

　A. 不能　　　B. 不能恨　　　C. 非常想　　　D. 非常讨厌

② 你们都别不把这当回事，这事可不是闹着玩儿的。

　问：说话的人告诉大家什么？

　A. 别玩儿了　　B. 别开玩笑了　　C. 别干这事了　　D. 别太随便了

（三）句子理解及技巧[①]

句子的听力理解重点训练学生对汉语句法结构的辨析和理解能力，训练学生对句子中不同重音、停顿、语调、语气所体现出来的交际功能的辨识能力。

[①] 本章（三）、（四）、（五）节中部分例证与解释参照和引用《HSK 速成强化教程》（王海峰、刘超英、陈莉、赵延风编著，北京语言大学出版社，2004 年 7 月）。

1. 汉语句法结构和习惯表达方式的辨析和理解

（1）汉语的一些句法结构不同于韩语，有的时候韩国学生虽然能够听懂句中的词语，但仍然不能理解句子所表达的意思，因此汉语教师应该让学生掌握和辨识汉语句法结构。如：

① 张秘书，王小姐让我把她妈妈写的感谢信转交给马主任。

问：感谢信是谁写的？

A. 张秘书　　　　　B. 马主任
C. 王小姐　　　　　D. 王小姐的妈妈 ✓

② 既然王伟来了，我们就不用再求别人了。

问：这句话是什么意思？

A. 王伟不用求别人　　　B. 我们正想去找王伟
C. 王伟能解决这个问题 ✓　D. 除了王伟别人都不行

教师要适时将一些汉语的句子结构及其表达功能介绍给学生，并通过大量练习让学生内化。如例②这句话中用了表示因果关系的关联词语"既然……就……"，原因是"王伟来了"，结果是"我们就不用再求别人了"。分析前面的分句和后面的分句之间的内在关系，可以知道隐含的原因是"王伟能解决这个问题"。

训练方式有：

A. 听句子做动作，如训练学生对把字句的理解能力。

③ 请把眼睛睁开。
请把眼睛合上。
请把嘴张开。
请把嘴闭上。
请把书打开。
请把书合上。
请把你的书交给我。
请把手机打开。
请把手机关上。
……

B. 让学生听读体会汉语句式，如：

④ 除非以大比分踢败上海队，否则北京队将无法晋级决赛。
⑤ 只知道埋头读书而对社会全然不关心的人并不是我们真正需要的人才。
⑥ 那位先生认为一个男人必须在夫妻关系之外寻求没有柴米油盐味的谈话和交流。

C. 练习可采用给出选项式（前面例①和例②），也可以是问答式（例⑦和例⑧)，如：

⑦ 上个月的《时尚》杂志有文章指出，没有一名女明星没做过整容手术。
　 问：这句话的意思是什么？
⑧ 我知道他除了有个宏光商场和宏光饭店以外，在劳动路还有个宏光花店，在蔡锷路还有个宏光装饰材料店。
　 问：他有几个店？

还可以让学生听上句，选择下句，如：

⑨ 我只懂一些基本概念，（A. 算不上什么专家。B. 意思意思就算了。）
⑩ 表面上看，我们的差别不大，(A. 其实有很多不同。B. 我的精力更充沛。)

这种方式可以有效地训练学生对汉语句式及表达方式的感悟能力。

（2）除了让学生掌握汉语的一般结构以外，还要让学生理解汉语的一些习惯表达句式或方式，如：

说X就X，……	说走就走，别光说不动呀！
不X……，一X……	不看不要紧，一看出了一身冷汗。
管……叫……	你该管他叫舅舅。
让／叫X，……还真X（呀）	让／叫你睡，你还真睡呀！
这／那也不……，那／这也不……	这也不叫吃，那也不让穿，你们要我怎么做？
X$_形$就X（点儿）吧……	大就大点儿吧，能穿就行了。
X$_1$是／归X$_1$，X$_2$是／归X$_2$……	你家是你家，我家是我家，不能混淆。这事好说，咱们桥归桥，路归路，不会发生冲突的。

动₁+也+动₁+不得，动₂+也+动₂+不得……	这件事让我哭也哭不得，笑也笑不得。
X也得X，不X也得X……	甭再想了，你去也得去，不去也得去。
……X_{动/形}是X_{动/形}，（就是）……	这件衣服好是好，就是太贵了。 他们俩吵是吵，可从来不打架。
什么X不X（的），……	什么农村不农村，只要工作需要去哪儿都一样。
让/叫你X你就X，……	叫你干你就干，哪儿那么多话呀！
X了就X了呗，（没）有……	成功了就成功了呗，有什么好吹的。 输了就输了呗，没有什么好灰心的。
动X是X	学一个词是一个词，总会学好的。 过一天是一天，这种思想不对头呀。
X₁又X₂，X₂又X₁……	装了又拆，拆了又装，直到他觉得满意才罢手。
好你个X	好你个刘局长，我们的计划全叫你打乱了。
……看X的（了）	她跑了个第一，这回就看你的了。
看你X的（瞧他X的）	看你说的，我哪有那么大本事。
X₁到X₂头上来	他欺负到我的头上来了，也太大胆了吧！
甭管怎么说（不管怎么说）	甭管怎么说，她也不至于这样坏。
哪有X₁这么X₂的（有X₁这样X₂的吗）	哪有像你这么做生意的？ 你也真是，有你这样谈恋爱的吗？
您X您的吧	您忙您的吧，老奶奶的事我全包了。

教师可以专门对上述一些常用的习惯表达方式进行训练。如：

⑪ 咱们朋友归朋友，生意归生意，欠你的钱一分也不能少。

问：关于说话的人，下面哪句话正确？

A. 他不想谈钱的事

B. 他让朋友帮他做生意

C. 他要把钱还给朋友

D. 他要朋友还他钱

2. 句子交际功能的辨识和理解

汉语句子中的重音、停顿、语调①、语气②不同都会体现出不同的交际功能，教师要通过训练让学生辨识和理解。

A. 教师读句子，让学生根据句重音提问。如：

① 恩惠给贤浩两本汉语书。
　恩惠给贤浩两本汉语书。_____？
　恩惠给贤浩两本汉语书。_____？
　恩惠给贤浩两本汉语书。_____？
　恩惠给贤浩两本汉语书。_____？

B. 教师读句子，让学生根据停顿体会语句意义。如：

② 三个报社的记者来了。
　a. 三个｜报社的记者来了。——来了三个记者。
　b. 三个报社的｜记者来了。——来了三个报社的若干记者。

③ 我们四个人坐一条船。
　a. 我们｜四个人坐一条船。——船上只有四个人。
　b. 我们四个人｜坐一条船。——船上可能不只四个人。

C. 教师读句子，让学生根据语调体会语气和态度。如③：

④ 他来啦（升调：表示兴奋，高兴）
　他来啦（降调：表示平静的陈述）
　他来啦（慢，曲调：表示不耐烦）

语气、态度一般都不直接用词语说出来，学生首先要理解句子，尤其要注意语音语调，然后再进行判断。在一般情况下，陈述语气为平调或微降调，祈使语

---

① 语调有狭义广义之分，狭义的语调是指一句话的句调，广义的包括句重音的抑扬、停顿的长短、语音的轻重、语素的快慢。这里讲的语调基本上是指其狭义的说法。

② 关于语气也有不同的说法，这里的语气是指"说话人说话时的情感和态度情况跟他说出的话语句子情况的统一体，是说话人的情感和态度通过一定的语调形式而达到的表达"。（王魁京，1996）

③ 转引自郭锦桴（1993）。

气和感叹语气为降调，疑问语气为升调。

在听力理解中反问语气常常最难听辨①，教师除了让学生熟悉反问语调外，还要训练学生掌握常见的反问句式：

（难道）不是……吗？	（难道）不是这样吗？（是这样）
没……吗？	我没告诉过你吗？（我告诉过你）
怎么……？	你是学生，怎么能不上课呢？（你应该上课）
还不……吗？	这么多钱，还不够用吗？（够用了）
哪儿……？	你们的事我哪儿知道啊？（我不知道）
……什么……（呀）？	好吃什么呀？／你着什么急？（不好吃／不用着急）
什么时候……？	我什么时候答应过你？（我没答应过你）
……有什么……？	当明星有什么了不起的？（当明星没什么了不起的）
那还用说？	（不用说，当然）你打算参加吗？——那还用说？（我当然要参加）
何必（何苦）……呢？	我只是跟你开个玩笑，你何必当真呢？（你没必要当真）
有……的吗？	有你这样说话的吗？（没有你这样说话的）
哪有……的（呢）？	哪有你这样不认真学习的？（没有你这样不认真学习的）
难道（说）……（不成／吗）？	你难道不喜欢动物吗？（你应该喜欢动物） 难道说，你这样做没错不成？（你有错）
主语+这不是……吗？	你这不是给自己找麻烦吗？（你这是给自己找麻烦）

---

① 在听力理解中，不同句类的语气语调辨析的难度大致可以排序为：感叹句<陈述句、祈使句<一般疑问句<其他疑问句<反问句。（干红梅，2005）

……都……,何况……(呢)？　　这个问题老师都回答不了,何况学生？（学生更回答不了）

D. 综合训练，教师可以读句子，让学生领会句子的停顿、重音、语调等所体现的语气。如：

⑤ 回答问题

a. 王勇居然考了个第一！真是太阳从西边出来了。

问：说话人是什么语气？

b. 你怎么会喜欢上刘志这种没有良心的人？

问：说话人对刘志是什么态度？

⑥ 选择判断

a. 到底是老赵啊，设计的方案就是跟别人的不一样。

问：说话人是什么语气？

A. 奇怪的　　B. 不满的

C. 疑问的　　D. 赞叹的

b. 你这么说像话吗？难怪他走了。

问：说话人是什么语气？

A. 责备的　　B. 吃惊的

C. 疑问的　　D. 难过的

（四）会话理解及技巧

会话是两个人或几个人就某一个或几个主题展开的口语交流，这部分重点训练学生对会话内容的理解能力。一般来讲会话的内容主要涉及日常生活、社交活动、经验经历、情感交流、讨论辩论等，如时间、地点、职业、年龄、计划、行为、原因、结果、态度、目的、情感、关系等。

相对于句子而言，这一部分信息量大、听音时间长、记忆难度增加。因此要重点训练听力技巧，如根据所听到的材料进行联想、推测、判断；跳跃语言障碍（难词难句），理解全篇大意，分清主次，捕捉重要信息等。教师要使学生通过掌握听力技巧来理解会话内容。

1. 联想、推测、判断训练

教师要通过一些听力练习和讲解,训练学生利用材料的信息点大胆判断的能力。练习方式有问题式,也有选择答案式。如:

(1) 对地点的推测

女:同志,探视的时间已经过了,您的朋友刚做了手术,他需要好好儿休息。
男:对不起。
这段对话最可能发生在什么地方?

(2) 对职业身份及人物关系的推测

女:师傅,我们能不能搭您的车进趟城?
男:一下儿上来六个,警察看见非罚我钱不可。
问:男的最可能是干什么的?
A. 警察　　　B. 司机　　　C. 售货员　　　D. 海关人员

(3) 对计划与行动的推测判断

男:你说送点什么礼物?
女:住院病人,送点补品吧。
问:他们要去干什么?
A. 接人出院　　B. 送人住院　　C. 看望病人　　D. 退还礼品

(4) 对事件的理解判断

女:芳芳她怎么了?你快说呀!
男:芳芳放学以后,在校门口等你去接,等不着,就自己跑回来,在马路上被汽车撞着了。
问:从对话中我们可以知道什么?
A. 女的没接芳芳
B. 芳芳没有去上学
C. 芳芳被别人用车接走了
D. 芳芳在校门口被车撞了

（5）对情感态度的理解判断

女：你不想再读一遍我写的小说吗？
男：我要是再读，至少又得一天吃不下饭去。
问：男的是什么意思？

A. 她的小说让他不舒服
B. 他从来不看她的小说
C. 他不习惯看她的小说
D. 他饿了一天，不能再看小说

教师在训练学生时，要适当讲解，让学生通过听到的信息点合理地推测。如对地点、职业身份及人物关系（行动、事件）的猜测，可以讲解一些关联信息、关键词，让学生熟悉并判断。如：

表3 地点（行动、事件）推测

推测目标	关联信息
家	客厅、卧室、厨房、书房
图书馆	借书、还书、过期、罚款、阅览室
邮局	寄信、取包裹、汇款、邮票
银行	存钱、取钱、利息、存（取）款单
商店	售货员、便宜、买、卖、柜台
理发店	洗（剪、吹、烫）头发、发型
饭店和旅馆	登记、双人间、单间
饭馆	几位、菜单、点菜、结账、吃得怎么样、酸、甜、苦、辣、咸、炒、炸
照相馆	相片、胶卷、冲洗、放大、底片
电视台	播音员、主持人、观众、频道、收看、直播、转播、连续剧、专题片
医院	挂号、内科、外科、体检、住院、出院、手术、探病
电影院	开演、导演、演员、影片、片子、故事片、爱情片、武打片、纪录片
火车站	车次、特快、直快、硬座、硬卧、软卧、上铺、中铺、下铺、车厢、餐车
机场	机票、候机厅、登机、航班、飞往、起飞、降落

表4　人物及人物关系（行动、事件）推测

推测目标	关联信息
学生	写作业、背课文、课外书、课外活动
教师	改作业、备课、上课、开家长会
售货员	买什么、卖完了、试试、尝尝
农民	村子、种地、田里、除草、收割、种子、粮食
司机	开车、停车、搭车、加油、超速
工人	工厂、厂子、厂长、车间
记者	报社、新闻、消息、采访、报道

在训练对情感态度的理解判断时，教师要注意讲解和提醒学生注意一些特殊表达法以及说话人的语气等，这部分我们在"（三）句子理解及技巧"中阐述，兹不赘述。

2. 跳跃障碍，理解大意，捕捉信息

有的时候，学生听一些会话，尤其是较长的会话时，常常遇到一些听不懂的词句，教师要引导学生不要被一时障碍所绊倒，而影响整个听力过程，要大胆跳跃，捕捉主要信息。如听会话，选择判断：

女：故宫举办的"中国文物精华展"你看了吗？

男：这几天忙着做实验，没顾上去，听说不错，真的吗？

女：简直棒极了，我从来没看过这么好的展览。真正的"精华"，独一无二！

男：要这么说，肯定不错了。今天听新闻说，展览挺轰动的，国外还有不少人专程赶来看，遗憾的是今天是最后一天了。

女：是啊！人家大老远的都跑来看，你离这么近还不去，真是太可惜了。

男：我原以为再好也不过是故宫里原有的一些文物吧，能有什么新奇的东西呢。

女：这么说吧，咱们中学历史书上提到的国宝有好多都展出来了，还有些是从外地调到北京的，其中有不少是第一次展出呢。北京猿人你知道吧？间骨化石才那么大点儿，真难想象那就是人类的祖先。

男：真这么好呀，你怎么不早告诉我呢？现在想去也来不及啦。早知这样，我无论如何也得去看看。

女：以后肯定还会举办的，下次再看吧。
男：那可就不知是什么时候的事了！以后再有好展览，可别等要闭幕了才告诉我啊！

① 男的没有去看展览是因为什么？
   A. 不喜欢看展览　　　　B. 没有时间去看
   C. 不知道有展览　　　　D. 觉得人太多了
② 根据对话可以知道这次展览怎么样？
   A. 举办得不成功　　　　B. 没什么新奇的东西
   C. 挺不错的　　　　　　D. 不像宣传的那么好
③ 举办这次展览的确切地点在哪儿？
   A. 周口店　　B. 外地　　C. 国外　　D. 故宫
④ 本次展览的内容不包括什么？
   A. 故宫原有的文物　　　　B. 从外地调到北京的文物
   C. 流传海外的中国文物　　D. 一些历史书上提到的国宝

这个对话比较长，里面有一些学生比较陌生的词语，如"精华"、"轰动"、"间骨化石"、"闭幕"等，但这些不影响对内容的理解，教师要鼓励学生跳跃障碍，捕捉有用的信息。

（五）短文理解及技巧

短文听力内容一般包括故事、新闻、知识、科学、观点评论等。一般来讲，故事以叙事为主，讲述的大多是人们的生活经历或生活趣闻，例如旅游见闻、人物传记、回忆等等；新闻一般是电视、广播、杂志中的消息，特点是以书面语为主，客观说明事实，一般没有个人感情色彩，需要跳跃的语言障碍（难词难句等）较多；一般知识及通俗科学一类的短文涉及生活常识、气候变化、人文地理、名胜古迹、节假日来历、机构设施、历史事件等；有关社会问题及个人观点的短文大部分选自报纸杂志，题材非常广泛，包括文化教育、人口、住房、交通、地理环境、风俗习惯、妇女儿童、劳动就业等等。

一般来讲，短文较句子、会话等篇幅长，信息丰富，听的过程中没有心理调整和喘息的时间。学生压力大，常常因疲惫、烦躁而降低听力效果，因此更需要一定的听力策略。韩国学生常犯的错误是，心理准备不充分，希望听懂每一个词，缺乏提纲挈领、跳跃障碍、选择要点、记忆存储等能力。

教师在训练学生时要引导学生采用以下策略：

1. 预测

学生可以根据得到的材料，如书面材料（题目、给出的问题选项等）、材料语音开头等预测可能的内容，这样做的好处是，听的时候可以有一定心理准备，有效缓解紧张情绪，提高听力效果。

2. 抓重点

听音时要根据预测，抓要点，抓关键词，缩小记忆范围。特别注意的要点有：① 短文中的基本事实，包括时间、地点、数字、人名、原因等细节内容。② 人物的观点和态度。③ 短文大意及中心思想。

3. 抓开头结尾

听短文时，要注意听懂开头的话和结尾的话，开头的话往往是该篇的起因、背景或主题句，可以帮助我们预测下文、抓住主旨；结尾的话常常是结论、全文的意义、事件的影响或结果，可以帮助我们理清思路，验证判断。

4. 边听边记

语音中出现时间、地点、数字、人名、原因等细节内容，就必须注意抓住相关信息，边听边用符号、字母等速记要点。这样一方面可供答题使用，另一方面也有助于弄清整段话的大概内容。

5. 调整心态

训练时，教师要引导学生摒弃杂念，放松心理，以积极乐观的心情进入状态。当听到难词、难句时，不要慌张。有的障碍可能无关大体，有的即使有关，也要冷静地继续听下去，要借助上下文来推测没有听懂的词、句的意思。

训练方式：

可以有听录音填空式、听录音填写表格式、回答问题式、选择答案式、复述短文式等。要求学生不仅要听懂语句，而且要进行思维加工，需要一定的听力技巧和策略，教师在训练中一定要注意引导。

下面通过实例进行分析。

听录音填写表格：

[录音]

一艘个体运输船因超载，在长江口被风浪击沉，船主胡某幸被"江申115"轮及时施救，幸免灭顶，但其妻失踪。

昨天，中午12时许，江苏宝应县个体运输户胡某的"安徽怀远挂1374"运输船满载130吨污泥，行至长江口"白北1号"附近时，由于受大风浪影响，加上超载，船失控被浪击沉。沉船后，胡某怀抱一块木板在江面漂流，被从南通开来上海的"江申115"轮发现。在该轮船长的指挥下，经与风浪搏斗45分钟，终将胡某救起，其妻不知下落。

表5 听力表格

题号	事故情况	答案
①	主要原因	**超载**
②	地点	长江口
③	时间	中午12时许
④	未获救人数	1人

分析：

① 录音的一开头就交代了事故原因"因超载"，中间详细说明时又提到"由于……，加上超载，船失控被浪击沉"，所以事故原因是"超载"。

② 开头也交代了地点，我们通过关键词"长江口"可以知道这场事故发生的地点。

③ 通过第二段开头的关键话"中午12时许"可以回答。

④ 最后一题，虽然文中没有直接说"还有一个人失踪"，但根据"其妻失踪"和"终将胡某救起，其妻不知下落"就可推出。

这种文章学生常犯的错误是：

（1）没有进行预测，所以不知道听录音时要抓住哪些重要信息和细节。

（2）听录音时存在心理障碍：希望听懂每一个词和每一个句子，抓住所有的信息。碰到生词就害怕，心理紧张，不能冷静地抓住与答题相关的重要信息。

教师要训练学生的策略与技巧：

（1）了解新闻的一般特点。新闻的主要内容以及测试的重点一般包括以下六点：时间、地点、人物、事态、原因、结果。所以要听懂新闻，就必须抓住这六点。

（2）集中注意力听懂开头的几句话。新闻报道一般分为三个部分：简要的开头——补充介绍和说明——事情的结果或影响。开头的话常常包含了最重要最吸引人的信息，例如第一句话"一艘个体运输船因超载，在长江口被风浪击沉，船主胡某幸被'江申115'轮及时施救，幸免灭顶，但其妻失踪"，就告诉了听众出事的是"一艘个体运输船"，以及出事地点"在长江口"、原因"因超载，……被风浪击沉"、结果"船主胡某幸被……及时施救，幸免灭顶，但其妻失踪"。接下来详细介绍了这次事故的时间、地点、原因、营救过程和结果。

（3）根据预测的结果，听的时候要抓住关键词和关键句，抓主要信息。在上例中，要集中注意力去听的信息是：事故发生的地点、时间、原因和结果。

（4）边听边用符号、字母等速记要点，弄清人物、时间、地点、数字等重要细节，回答提问时就一清二楚。

（5）当听到难词、难句时，不要慌张，因为这可能是有意设置的语言障碍。上例虽然是书面语，难词、难句很多，但这些基本上与答题无关。

下面再分析一篇科学知识类的听力理解短文：

[录音]

大家都知道洗澡对健康有好处，但是有些人刚吃完饭就去洗澡，这样做不仅刚吃下的东西得不到充分消化，而且心脏也得不到很好的休息。再加上洗澡间的空气不流通，缺少氧气，对心脏病人是有危险的。所以，心脏功能不正常的人更不应该吃了饭就洗澡。另外，冬季天气寒冷，上了年纪的人洗澡也要注意，浴室要暖和些，水温却不要过高，洗的时间也不宜太长，最好有家里人照顾，以免发生意外。

① 根据这段话，什么时候最好不要洗澡？

    A. 刚吃完饭时 B. 天气太冷时 C. 水温较低时   D. 室温较高时

② 根据这段话，哪类人洗澡时容易发生危险？

    A. 儿童   B. 老人   C. 消化不好的人 D. 吃东西少的人

科学知识类短文的特点是：文章组织严密，逻辑性强，几乎没有冗余信息；句子结构比较复杂，常用关联词语表示原因、转折等；主题句大多放在段落的开头，也有的在结尾部分。

上边这段话以说明为主，说明了不应该刚吃完饭就去洗澡的道理。

第①题答案是 A。因为这段话一开头就是主题句："大家都知道洗澡对健康有好处，但是有些人刚吃完饭就去洗澡，这样做不仅刚吃下的东西得不到充分消化，而且心脏也得不到很好的休息。"因为这段话中出现了"冬季天气寒冷，上了年纪的人洗澡也要注意，浴室要暖和些，水温却不要过高"这样的话，所以如果没有完全听懂，那么其他选项的迷惑性就比较大。

第②题答案是 B。因为除了提到"对心脏病人是有危险的"以外，最后还提到"上了年纪的人洗澡也要注意，……，最好有家里人照顾，以免发生意外"。

一些学生犯错误的原因是：

（1）没有抓住文章的主题句。

（2）没有利用"但是"、"所以"等关联词语和像"首先"、"其次"、"最后"、"另外"这样的标识语弄清说话人的思路、文章的结构和大意。

教师应该引导的策略与技巧：

（1）调节好情绪。科学知识类短文比较难，学生要做好心理准备，听录音时要紧跟不舍，边听边记。

（2）注意关联词语和标识语。这是找到主题句、弄清说话人的思路的关键。例如，上面这段话中的关联词语和标识语有："……，但是……；这样做不仅……，而且……；再加上……；所以，……；另外，……，最好……，以免……。"当听到"但是"的时候，就要意识到主题句在"但是"的后边而不是前边。"这样做不仅……，而且……"指出了"刚吃完饭就去洗澡"的危害。"再加上"是补充理由，进一步说明不应该"刚吃完饭就去洗澡"。"所以"后边得出一个结论："心脏功能不正常的人更不应该吃了饭就洗澡。""另外"后边告诉我们还有"上了年纪的人洗澡也要注意，……，最好有家里人照顾，以免发生意外"。

三、汉语听力课堂教学的环节和策略

上一节具体讲述了听力理解的训练内容和方法,一般来讲,这些方面需要在课堂教学中实现,这一节我们将讲述汉语听力课堂教学的环节和策略①。

(一)导入

导入是听力理解的一个重要阶段,教师在正式进行听力训练以前要做一下预热工作。可以针对要训练的内容有意识地跟学生互动,比如我们准备让学生听的内容是有关亲情的材料(见附录),教师可以提出一些有关家庭关系的问题:韩国父母如何疼爱孩子?你在家里父母怎么疼爱你?说一个爸爸妈妈疼爱孩子的故事。教师也可以讲述一个父母疼爱孩子的故事,让学生听,进而引发学生讨论的热情。教师在引导学生时,可以将准备听的材料中的一些重点词语和句式自然地说出来,给学生一个听力铺垫。

通过一定的预热和铺垫,学生不仅可以充分放松心情,而且对将要听到的材料产生期待情绪,自然地进入积极状态。

(二)听前准备

教师可以准备一些练习为正式进行听力训练扫清障碍,如针对听力材料中的一些语音、重点词语(不是所有的生词)、相关的难句长句(不一定是原句)等进行训练和讲解。

重点词语训练:教师可展示并领读重点词语,并适当讲解生词的意义,为听力练习做好准备。其中通过听读,让学生熟悉词语的发音十分重要,因为很多情

---

① 这节重点讲述听力课的完整形式,有关语音、词汇、句子等单项课堂训练一般包括其中,这里不再专门讲述单项训练的课堂环节。

况下,学生"听不懂"不是因为单词不认识,而是因为对词语语音不敏感而导致听力练习时不能马上反应出所听到的词语。听力过程稍纵即逝,因此培养学生对于词语的敏感度在听力练习中显得尤为重要。

相关的难句长句训练:教师可以给出一些跟材料中结构类似的难句,老师领读,让学生听后理解,然后解释。看下面的例句:

吃饭以后,明哲又回到房间里去做那永远做不完的作业。
同学们急切地说出了自己想实现的愿望,教室里气氛马上热烈起来。

通过听前准备,学生能够辨析近似的音和调,将重点生词变成熟词,熟悉了长句难句的结构,进入听力训练状态就水到渠成了。

(三)听时练习

这一个环节是课堂教学的重点,学生通过听辨材料内容,训练听力技能。教师可以采用循序渐进的方法,将一个较复杂的听力材料分成几个步骤进行,逐步完成训练内容。

常采取的步骤是:(1)概听(global listening);(2)选听(selective listening);(3)精听(intensive listening)。

1. 概听(global listening)

概听主要是让学生把握所听材料的整体内容,抓住大意。为了实现这一教学目标,教师要做好引导工作。可以设计一些听力理解练习题,引导学生做好听前的预测活动;帮助学生在听的过程中将注意力集中在关键词、句上;指导学生根据所提供的线索克服听的过程中出现的障碍,进行有效的猜测、联想和判断。以《亲情》为例,教师可以设计问题:

① 这个故事围绕什么事情展开?
② 家里的气氛怎么样?为什么?

教师可以根据学生的情况予以提示或决定放录音的次数。

2. 选听(selective listening)

选听就是培养学生能听出一些具体信息的能力,尤其是从语言程度略高于他们实际语言水平的材料中进行信息选择的能力。教师需要做的工作是：

（1）明确规定学生听的任务和目的。

（2）为学生提供克服障碍和捕捉信息的线索。

（3）引导学生从内容或从结构上对所听材料进行预测。

上述工作除了进行必要的讲解和提示外，还可以通过设计适当的练习题来实现，以听力材料《亲情》为例：

根据材料内容，选择正确答案。

① "我"讲笑话是因为：
   A. 心情很平淡　　　　B. 全家喜气洋洋
   C. 要给爸爸买鱼竿　　D. 家里气氛沉闷

② "我"的家庭情况：
   A. 家里有很多钱　　　B. 妈妈常看电视
   C. 爸妈都没工作　　　D. 弟妹想知道外边的世界

③ 母亲要求儿子：
   A. 买很多礼物　　　　B. 带女朋友回来
   C. 多保重　　　　　　D. 带件衬衣

④ "我"哭了，可能是因为：
   A. 委屈　　　　　　　B. 生气
   C. 感动　　　　　　　D. 心疼钱

……

学生通过这些练习题可以训练捕捉具体的信息以及抓住主题句、关键句和关键词的能力，提高学生对听力信息的鉴别分析水平。

3. 精听（intensive listening）

一般在进行了概听和选听之后，教师要将学生的注意力集中到影响听力理解的障碍，尤其是影响听力理解的语言因素的障碍上，引导学生对所听材料从语音、语法、词汇以及语用、文化等方面做进一步的学习。具体步骤是：

（1）引导学生发现和分析影响听力活动效率的语言、文化因素。

教师可以根据学生在前两个阶段的练习情况，带领学生分析错误的原因，让学生找到错误的症结。如上面第②题，对下面句子中的词汇的正确理解是做好该题的关键。

  a. 家里并不<u>宽裕</u>，
  b. 母亲……<u>偶尔</u>看电视，
  c. 教书的妈妈，父亲在<u>工作之余</u>，
  d. 弟妹……对外面的世界充满<u>向往</u>。

学生如果能够抓住并理解画线词语，就能做出该题。

（2）在帮助学生掌握一定听力策略的基础上，充分利用所听材料让学生进行语音、词汇、语法、语用文化等知识的学习与积累。如：

  关键生词："宽裕"、"偶尔"、"向往"等
  关键句型："……之余"等
  语用文化："把你自个儿好好儿带回来，就是妈的最好的礼物。"
  ……

以上是我们介绍的听时练习的三个步骤，应该指出的是，这三个步骤及训练顺序也不是绝对的，教师可以根据学生的水平等实际情况有所取舍、灵活运用，以达到最佳效果。

（四）听后练习

听后练习是在听时练习基础上的进一步提高，学生经过前两个阶段的训练，已经基本听懂听力材料。在这一阶段教师要引导学生对听力材料做一些整理、总结、归纳、巩固等工作。如果说之前的阶段都是输入的话，那么，听后阶段就是要求学生输出了，输出的内容可以是对练习未涉及的内容的理解，也可以是对材料的再加工，甚至是对课文内容的评价。教师可以根据不同学生的水平设置不同的练习。

1. 复述录音内容

复述录音内容可以帮助学生将从材料中提取的零碎的听力材料片段通过回忆、联想和加工重新归纳整理成整体，加深学生的印象，扩大学生的收获。

2. 快速回答有关问题

教师可以设计一些问题让学生快速回答,以补充理解听力内容,扩展加深对听力材料的掌握。

3. 讨论

在全面理解听力材料的基础上,教师可以引导学生对材料主题进行延伸,如听了《亲情》之后,让学生讨论中韩父母对子女的亲情及其表达方式的异同等。

除此之外,还有小结、听后写感想等听后练习方式,教师可以根据学生情况有创造性地运用。

附录 听力材料

亲　情

大学毕业时，我分到了北京的一家大公司。那段时间，全家上下喜气洋洋，教书的母亲同人聊天，往往不出三句，就会自豪地扯到我的工作单位，完全没有平日的谦逊。

临行的日子一天一天迫近。此次远行，只不过由一个城市变为另一个城市，我的心境似乎很平淡。

临走的那天夜里，母亲炒了几个菜，一家五口慢慢地吃着，喝着。外面的夜黑沉沉的。我尽量谈笑风生，一个接一个地讲着笑话，但没有人笑起来，这顿饭吃得很费力。

饭后母亲又回到房里去收拾那永远收拾不完的行李，父亲陪着我闲聊。我说，明年春节大家回来了，除夕夜一定要让咱家的爆竹最响，礼花最漂亮；我还说，到时候比赛包饺子，看谁包得又快又多又好，准是我第一。最后我宣布，我要给每个人带一个礼物。这一提法马上获得弟妹的拥护，他们在上学，对外面的世界充满向往。他们急切地说出了自己最渴望的礼物，气氛马上热烈起来。

我的目光转向父亲，我知道，父亲在工作之余喜欢钓个鱼什么的，但一直用的是自己在那碳火上熏出的竹鱼竿。父亲常常希望有一根玻璃钢鱼竿，却始终未见他有过——没办法，家里并不宽裕，我决心这次帮父亲实现心愿。于是，我说："爸，我给你买一根玻璃钢鱼竿好吗？"父亲顿了一下，不自然地笑笑，看看我，竟一时语塞。

我突然发现，给母亲选择礼物比较难，送给母亲什么呢？她除了每天上班，就是操持家务，成天忙忙碌碌。母亲似乎不曾爱好什么，即使偶尔看电视，手里也总带点活儿。她甚至没有喜欢吃的菜，父亲偶尔钓条鱼，她做成汤，自己却不尝一口，她总是解释说不喜欢吃这，不喜欢吃那，却对腌萝卜、腌咸菜百吃不厌。

在我的记忆里，母亲老是穿着那件老式上衣，很旧，但总是洗得很干净，很平整。我心里一酸，走到里屋，决定问一下正在给我缝衣的母亲："妈，你需要什么样的礼物？"母亲在线上打了个结，用牙咬断，将针别在袖口，缓缓抬起头，上下打量着我，帮我抻了抻衬衣下摆的褶子，笑了笑，说："孩子，把你自个儿好好儿带回来，就是妈的最好的礼物。"那一刻我再也忍不住，泪水夺眶而出。

113

参考文献

[1] 丁　艳.对外汉语教学中影响听力理解的因素及对策［J］.云南师范大学学报（对外汉语教学与研究版），2004，（1）.

[2] 干红梅.语调辨析在中级汉语听力理解中的重要性［J］.汉语学习，2005中，（3）.

[3] 郭锦桴.汉语声调语调阐要与探索［M］.北京：北京语言学院出版社，1993.

[4] 寒　宇.HSK水平考试成绩分析——兼谈听力教学在汉语学习中的重要性［J］.北京第二外国语学院学报，1997，（4）.

[5] 马燕华.初级汉语水平日本留学生的汉语听力障碍［J］.北京师范大学学报（社会科学版），1995，（6）.

[6] 马燕华.中级汉语水平留学生听力跳跃障碍的实现条件［J］.北京大学学报（哲学社会科学版），1999，（5）.

[7] 王魁京.汉语作为第二语言学习中的句子语调、语气理解问题［J］.北京师范大学学报（社会科学版），1996，（6）.

[8] 杨惠元.中国对外汉语听力教学的发展［J］.世界汉语教学，1992，（4）.

[9] 余文青.关于留学生听读关系的调查报告［A］.汉语速成教学研究（第二辑）［C］.北京：华语教学出版社，1999.

[10] 张　璐.中级水平日本留学生听力理解学习策略研究［D］.华东师范大学硕士学位论文，2007.

[11] W.F.麦基.语言教学分析［M］.北京：北京语言学院出版社，1990.

第五章
汉语写作课教学的方法与技巧

汉语教学的目的就是培养学生熟练地运用汉语进行交际的能力。一般人类交际分为口头交际和书面交际两种,汉语书面表达是汉语书面交际的重要组成部分,是汉语水平的重要标志之一。在信息时代的大背景下,随着中韩交流的进一步扩大和深入,韩国学生的汉语水平越来越高,韩国社会对汉语的要求也越来越严格。当前,人们对汉语水平的要求不只限于会简单的读和说,而更看重学生能否用规范的汉语书面语进行实用表达。

在听说读写四项技能的培养中,听读是对学生目的语输入能力的培养,而说写是对目的语输出能力的培养。对语言学习者来讲,输出的难度要远远大于输入的难度。尽管韩国学生具有一定的汉字、汉字词基础等优势,但"这些优势并没有使韩国学生在写作方面鹤立鸡群,从目前在书店看到的汉语写作教材,到韩国政府部门发行的对外宣传材料,到韩国报纸汉语版的文章都显示,汉语写作教学是韩国学生的薄弱环节……"(金椿姬,2008)。因此对韩国学生来讲,书面表达仍然是其最具有挑战性的一项技能。

5 장
중국어 쓰기 과목 교육의 방법과 기교

　　중국어 교육의 목적은 학생이 유창하게 중국어로 의사소통을 진행하는 능력을 배양하는 것이다. 인류의 의사소통 과정은 말로 하는 것과 글로 하는 것으로 나누어지는데 중국어에서 글로 표현하는 것은 중국어의 의사소통에서 중요한 구성 부분이고 중국어 수준을 나타내는 중요한 지표이기도 한다. 지금과 같은 정보 시대에서 한국과 중국의 교류가 점차 확대됨에 따라 한국은 중국어를 더욱 중요하게 생각하게 되었다. 현재 한국 학생의 중국어 수준은 갈수록 높아지고 있는데 중국어 수준에 대한 요구도 간단한 읽기 말하기의 수준을 넘어서서 규범적인 중국어 서면어로 실용적인 표현을 할 수 있느냐의 여부를 더욱 중시하는 단계에 이르렀다. 듣기 말하기 읽기 쓰기 4대 언어 능력의 배양에 있어 듣기 읽기가 학생의 목적어 입력 능력에 대한 배양이라면 말하기 쓰기는 목적어 출력 능력에 대한 배양이다. 언어 학습자는 입력보다는 출력에서 어려움이 훨씬 크다. 한국 학생이 한자, 한자어 기초에 있어 우세를 보이기는 하지만 "이러한 우세가 쓰기에 있어서 우세로 이어지지는 않고 있다. 요즘 서점에서 볼 수 있는 중국어 쓰기 교재에서 한국 정부 기관에서 발행한 대외 홍보 자료나 한국 신문 중국어판의 글에서 볼 수 있는 것처럼 중국어 쓰기 교육은 한국 학생의 매우 취약한 부분이다."(金椿姬 2008). 따라서 한국 학생이 서면어로 표현하는 것은 여전히 도전 정신이 가장 필요한 능력이다.

一、韩国学生汉语书面表达的特点及存在的问题

韩国和中国同属儒教文化圈，拥有共同的文化背景，因此在许多文化传统（包括书面表达方式）上，具有不少相似之处。但韩国与中国毕竟经历了各自的历史发展过程，在这个过程中，历史赋予了两个国家不尽相同的思维方式和表达习惯。就书面交际而言，韩语的书面表达方式与汉语也存在着一些不同。韩国学生汉语书面表达方式受韩国文化的直接影响常常表现出不同于中国学生的特点，同时由于韩国学生受母语的负迁移和表达习惯的影响，在汉语书面表达上还存在着一些问题。

（一）韩国学生汉语书面表达的特点

1. 表达形式上，不拘一格，自然平顺

中国学生写文章一般讲究开头要烘托气氛，结尾要绚丽多彩，意味深长，中间要赋排铺张，即所谓的"龙头、凤尾、猪肚子"。整篇文章注重起承转合，文脉贯通，首尾呼应。而韩国社会重实用，抓重点，讲效率，韩国学生在文章写作上常常直接入题，意到笔到，圆融自然。请看下面韩国学生的习作[①]：

记对我影响最大的一个人

我跟"他"第一次见面的时候，他是老师，我是高中学生。他叫我们现代文学。他不大喜欢打扮，所以我们常常开玩笑地说，"他没有洗头发了[②]"

可是我听了他的几次课以后，我的心被他的口才和知识感动了。从此以后我在也不说他讲的怎样，有没有洗头发等等。我从此了解到了社会的另外一角上还是有一些吃不饱饭，穿不暖的人。

[①] 本章部分作文及例句选自北京语言大学开发的 HSK 动态作文语料库，以下不再一一注明。为保持原貌，除非必要，所引材料均不加修改。

[②] 韩国人注意仪表，每天都洗头发。如果不洗头发，会戴上帽子遮掩——作者注。

后来我在大学念书的时候，他主动组织老师工会，开始近入罢工了。其实在韩国没有一个真正的老师工会。那时我们几个同学经常去看他。可是这么好的老师，最后被学校开除了。现在想起那时，我还是有点对不起老师。当时我为什么没有jiji地参加话动？是不是我们这些人让老师离开他们的学校呢？

听说现在读研究生。我只知道这一些。他是不是会学校去，这我不知道。（当时的老师现在可以回学校）

可以这么说吧，他是我的初恋。应该说尊jing吧。从我跟他最后见面那时以后，我总产生好象跟他见面的huan觉，不知道我在街上见面的是不是他。可是"他"在我心目中还是唯一尊jing的人，也是给我的影响最多的一个人。

这篇习作虽然存在语言、格式等方面的问题，但写得不拘一格，真切自然。

2. 思想情感表达坦率直露，显彰开放

中国人写文章大多含蓄委婉，点到为止，藏而不露，意味深长。韩国虽然长期受儒家思想的影响，人们谦卑恭敬，但韩国人天性豪爽，感情表达直白率性。反映到文章写作上，在表达思想时常常直抒胸臆，不加掩饰。例如，有一篇作文中讲"我"对父亲的感情："小时候，之所以我不认识我父亲的脸，是因为他导致反政府运动。我真不爱他，而且不尊敬他。"

请再看下例：

关于用自然声取代噪声的建议

环境保护部门的这努力是值得表扬。现代的人类生活由于科学的发达和文明的机器的出现越来越变得粗糙，没有人情味。不知道是从什么时候开始，从人类生活中自然站的比率越来越减少了。说大人，他们是因为小时候接触过丰富的自然环境，所以不觉得可怜，但是说小孩儿的话，他们从来没有接触过真正的自然环境，所以从来不知道自然环境的重要性。

如果真的把这些很难听又刺耳的噪声换乘这些自然声的话，我想这个世界能够变成为自然共渡的完美的人类根据地了。

以上展示了韩国学生书面表达风格，这些特点主要受韩国文化和韩国人的思维方式以及韩国学生的汉语水平等因素的影响。虽然一些表达方式跟中国人不尽一样，但不影响为中国人所接受。汉语教师可以向学生介绍中国人的书面表达风

格，但不必刻意要求他们与中国人的风格一致。

(二) 韩国学生汉语书面表达存在的问题

有的时候韩国学生受汉语水平或思维方式的局限，以及受表达习惯和母语的负迁移影响，在汉语书面表达上还存在一些问题，主要表现在以下几个方面：

1. 格式问题

（1）段落格式

一篇汉语文章常常是标题单独一行，写在页面正上方，正文与标题之间要空出一行或两行。文章按照内容分为若干个段落，每个段落由若干个句子组成。有时韩国学生不清楚汉语的格式，写信或写其他文章时，常常不分段落，一个句子列为一行。如：

> 我的母亲
> 我非常喜欢我的母亲。
> 世界上没有一个人不喜欢自己的母亲，
> 我对她的爱是出格的。
> 我家里有四个孩子，
> 我的母亲从结婚当时就
> 开始辛苦的日子。
> 当时，我父亲的经济能力不太好，
> 我家庭是个双职工的家庭。
> 可是，他不顾自己，给我们各方面的机会发挥自己的才能.
> 我的父亲比较严格，
> 有事不敢跟他商量。
> 这样的情况下，我的母亲，
> 有时成为我的老师，
> 有时成为我的朋友，
> ……

这种情况，初级阶段学生出现最多，中级阶段学生偶尔出现，教师要事先告诉学生汉语写作的格式,如作文出现上述情况,要进行纠正,告诉学生正确的格式。

汉语文章分段时不仅另起一行,而且要空两个格。韩语文章分段时也另起一行,不过对空格要求不严格,正式出版物文章有的空一个格,有的不空格。韩国学生受此影响,常常在写文章时,空格比较随意。如:

　　在中国读书的时候,我一直期待与家族一起渡过假期日子的这一时间。真可惜的事要回中国的时候快要到了。我觉得好像只过几天似的。
前几天在父母节时,由于我正于妈妈的身边,我能够送给你几朵花,把它当作父母的礼物,我觉得非常高兴。
　　这次送给你的花不像每年到父母节而送的,带有很大的意义,它表现着我对妈妈的深切的感谢。
　　……

(2) 书信格式

汉语书信类文章主要由发文对象、正文、祝语、落款和日期四部分组成。发文对象要顶格书写;正文每段空两格;祝语一般是表示祝愿的话,如"此致——敬礼"、"即颂——春祺"、"祝你——顺利"等,一般来说,第一个词组如"此致"、"即颂"等要空两个格写,第二个词组或句子要顶格写。落款写在信函的右下角,日期写在落款的下方。看下文:

亲爱的妈妈:(I**发文对象**)
□□您好!
□□听说首尔这几天天气变化异常,您要注意穿多点衣服,别着凉了。妈妈,老师要求我们每个学生给妈妈写一封信,赞扬伟大的母爱。妈妈,想起您对我的爱,我就有说不出来的激动!
□□明年我就要毕业,找工作面对社会了,我突然感到自己不是那个在母亲怀中撒娇的女孩儿,我已经长大,一种莫名的责任感涌上我的心头……
　　……(II**正文**)
□□祝您
健康!(III**祝语**)

　　　　　　　　　　　　　　　　　　　　女儿　恩敬
　　　　　　　　　　　　　　　　　　2010年3月6日(IV**落款日期**)

有的时候韩国学生不知道书信格式,在写信或发 E-mail 时,常用错格式。如:

教授,
上周星期五我收到了教授发给我的两篇论文.
我利用周末的时间了解了论文的内容.论文的内容对我以后的研究有很大的帮助.
并且还需要对这些内容进一步的了解和掌握.
在以后的研究过程中谨慎的使用,参考.所以很感谢老师的帮助.

3 月 29 日
李恩培：)

上例不符合汉语书信格式,教师要针对学生出现的格式错误予以纠正。
(3) 标点符号的使用及格式

汉语和韩语的标点符号大致相同,都有逗号、句号、冒号、感叹号等,不过韩语的句号是".",而汉语是"。";汉语的书名号是"《》",韩语的书名号是"「」"等。韩语的书面形式一般是语法成分之间留有空格,一个完整句子或一个话题链完成后才使用标点;汉语常将过长的句子分成若干分句,每个分句以标点隔开。韩国学生常常受韩语的影响或因为没有掌握好汉语标点的用法和格式,出现偏误。如下例①、③处是学生标点缺漏,②处是标点错误(应用句号(。)):

我六岁时,我父亲回国再婚①我搬到城市开始跟他和新母亲生活后,逐渐习惯了现代化的生活,②偶而回下乡时③奶奶每次对我说:"你不要忘记乡下生活的美。"

教师要给学生讲解汉语标点符号的用法(见本章附录)和格式,并在学生的写作过程中不断纠正,使之习惯汉语标点符号的使用。

2. 字词语句书写与表达问题

学生在作文中常出现汉字书写错误,如汉字笔画错误、部件错误、字形错误(繁体字、异体字、讹写等);词语错误,如词义错误、词性错误、搭配错误以及语用错误等;语法偏误,如语序偏误、实词偏误、虚词偏误、特殊句式偏误等。各类错误跟本书有关汉字、词汇、语法教学的技巧与方法等章节所述类型相似,本

章不再详论。下面是一篇作文实例(画线部分为习作中出现的汉字、词语、语句的明显错误或偏误,其他错误不一一指出):

  我不知道如何描写您二位对我的 *爱情。
  今年我才17岁,也许我不完全理解你们所给我的 *爱情。
  *但到现在我才明白了。那只是为了我的前途,使用的比较严格的教育方式,让我学会独立,而不 *依赖于别人,自己的事情独立去做,*這使我更坚强,更有自信心。
  我14岁那年,你们送我去中国留学的时候我太小。不明白你们的心意,让你们心烦意乱。
  一大清早出去,半夜才能回家,没有足够的时间孝顺你们。
  等我考上大学以后,我会加倍 *补尝的。
  我在补习班 *跟比较大3岁的哥哥,姐姐们一起学习虽然很辛苦,不过我会努力向前跑,向上爬的。
  我不知道如何孝顺,是听话,还是有出息?我还不知道。
  我还会让你们因我而 *自毫,让你们感觉你们所养育的女儿有多么地善良,聪明。
  最后,我想说句我非常想说的话:"我爱你!"你们将是我一生中最尊敬的。最敬爱的人生教师!

前面中除了一些格式、标点错误以及篇章问题外,还出现了汉字书写错误,如"這"(繁体字)、"尝"、"毫"(错别字)等;词语偏误,如"爱情"、"依赖于"等;语法偏误,如"但到现在我才明白了"、"我在补习班跟比较大3岁的哥哥,姐姐们一起学习"等。

  另外,语句表达的语体风格也是比较突出的问题,韩国学生常常分不清口语表达方式与书面语表达方式的区别,而将口语词语和句式与书面语混用,造成语用偏误。请看:

  在现代社会的农作生长过程中。如果使用化肥和农药,产量就会大大提高。
  为了解决这种问题,有些人 *开始不使用化肥和农药,并把这种农作物叫作"绿色食品"。
  如果人们继续栽培少量的绿食品,只有一部分人能因得到健康而 *高兴，除他们以外的人们都能吃到粮食，这太不公平了。

现在世界上有几亿人口正因饥饿而死去，*我们得先救那些人们再去想我们的健康。人一死去，就不能再救，但是保护身体健康是随时都有机会的。

这样不但能把挨饿的人们从食粮难中救出来，还能从化肥和农药的危害中保护人类的身体健康。

前面中画线的词句基本上都是口语形式，出现在严肃的议论文中不太协调，应改为书面语形式，如可将"我们得先救那些人们再去想我们的健康。人一死去，就不能再救，……"改为"我们应该优先挽救他们的生命再去考虑自己的健康，人死不能复活……"。

韩语的书面语与口语的差别没有汉语大，韩语书面语一般表现在动词词尾的变化和汉字词的使用上，如书面语动词词尾经常以"-다"来结束，正式公文中常出现汉字词以显示庄重。（金椿姬，2008）这样使得韩国学生口语书面语的区别意识较为淡薄，加之他们没有积蓄足够的书面语词语和句式，造成口语书面语混淆的偏误。

3. 篇章问题

篇章（text）不是互不相关的句子的简单堆砌，而是一些语义相关的句子为达到一定交际目的，通过各种衔接手段（cohesive devices）而实现的有机结合体。到了中高级阶段，学生的书面表达不仅要字通句顺，而且要逻辑清楚、文意贯通、层次分明、重点突出。也就是说，不仅词句表达要过关，篇章表达技巧也要过关。有的中高级阶段学生虽然有了一定的语句表达基础，但是在篇章表达上还有一些问题。请看下篇习作：

现在世界的全球化和区域化倾向很严重。对以出口为主的韩国经济来说，预测会受到这种趋势很大的影响。尽管现在韩国经济越来越发展。但是以后的国际上的巨大变化可能带来韩国经济的破灭。我的老师强调的事：韩国的知识青年应该知道急速变化过程中的世界。而且对这样的变化好好儿地对应。*①其实他非常忧虑现在韩国经济情况。韩国的经济体制一般依赖于美国和日本，还有对日逆差的幅度也越来越大。北朝鲜的核武器等朝鲜半岛的危机也很深。这样的情况下青年知识分子怎样对应呢？我的老师使我们对世界开壁了眼睛。

*② 我的教师也强调中国。因为中国的变化和它的改革开放政策带来给韩国经济的深刻的影响"如果不了解中国，我国没有发展前途．"他的话对我来说影响非常大。决定中国留学。

我们暂不讨论该文的格式和词句问题，只就篇章组织来看，文章衔接连贯手段不足，致使结构松散，逻辑不清楚，层次不分明。

比如问题比较突出的①和②句群，第①句群层次混乱，可改为：

① 其实他非常担忧现在韩国的经济政治情况。韩国经济主要依赖美国和日本，而且在国际贸易中韩国对日逆差越来越大；政治上，由于北朝鲜核武器问题，致使朝鲜半岛的危机也越来越严重。

第②句群主要是逻辑不清晰，可改为：

② 我的老师也强调中国的重要性。因为中国改革开放政策带来的巨大变化对韩国经济产生了深刻的影响，"如果不了解中国，我国就没有发展前途"。他的话对我来说影响非常大，所以我决定去中国留学。

汉语的篇章衔接手段一般有省略、替代、指称、连接等（刘晨诞，1999），韩语的篇章衔接也包括这些手段，不过在具体方式上跟汉语存在着一定的区别。韩国学生常常受母语的影响产生负迁移。下面我们分类讨论一下韩国学生的篇章问题及其原因。

（1）省略问题

省略（ellipsis）指的是把语言结构中的某个成分略去不说，人们在交际中可以通过上下文或特定的语言环境找回被省略成分。省略是为了避免重复，突出主要信息，使语篇前后衔接，结构紧凑（李运兴，2003）。省略可分为三类：名词性省略（nominal ellipsis）、动词性省略（verbal ellipsis）、分句性省略（clausal ellipsis）。

省略取决于一定的语篇条件，在同一个话题链(topic chain)内，小句间的语义关系十分密切的情况下，为了增强篇章的连贯性，常常承前或蒙后省略一定的成分，如主语、宾语（中心语）、定语、谓语等，汉语以省略主语、宾语（中心语）为常见。如：

③第一天，秀姑叫男人把打完的稻草堆再翻打一遍，(ф)打出了四石多稻谷。她自己和妇女在家里筛米糠里的碎米，(ф)又筛出一百多斤碎米，(ф)把孩子捡来的五十多斤豆子拿到街上去换了一些油盐回来。米有了，油盐有了，……

④老妈妈把小红石头珍藏在一只木匣里，(ф)每天都要查看(ф)。

韩国学生用汉语写作时，常常出现篇章错误，其中以省略不当为常见[①]，表现为主语、宾语、谓语、定语、状语省略不当等，下面我们分别介绍[②]。

A. 主语残缺

⑤今年，(−我)虽然大学还没毕业，在中国无靠无亲，可是他让我来这里(中国)学习汉语，了解中国文化。

⑥我的父亲比较严格，(−我们)有事不敢跟他商量。

⑦可以说是那时(−我)开始学了怎么做好的人。她让我深刻地懂责任感。

⑧在传统艺术研究会，我学了韩国的传统乐器舞。到了晚上(−我们)一起去吃饭，有的时候一起去喝酒。过了一个月左右，我已经认识了很多人，也认识了现在也不能忘的一个女生。

B. 宾语（中心语）残缺

⑨我一直到现在忘不了他对我无比的爱情，我的心中永远留着(−这份爱)。

⑩过了一年她毕业了。可是她的理想跟实际生活不太一样，她非常烦恼了。以后她没来找我，我也一点点开始忘了(−她)。

⑪我跟着那位老师的意件，无论是韩国的还是中国的(−书)竭尽全力的读(−书)，并且慢慢地形成了做为一个韩国人该怎样学习中国文学(−观点)。

⑫去市场买东西时，以前自己讨价还价不幸受骗、和仔细地看卖(−东西)人称东西的样子，如果卖主要骗(−自己)的话，跟他吵了架以争取自己的权利。

[①] 黄玉花（2005）和金椿姬（2008）的研究也证实这一点。

[②] 本部分以下例句中，括号内的内容是对原文的修改，"−"表示原文成分缺失。为保持原貌，例句其他部分偏误恕不修改。

主语宾语残缺是韩国学生篇章表达中常见的偏误。韩语常常省略主宾语，如：

⑬ 사랑해요！（我爱你！）
　　爱

韩国学生出现主语和宾语（中心语）的残缺主要是韩国学生受母语的影响导致的。

C. 定语残缺

可是他（指爸爸，笔者注）对我（-这个）儿子的教育非常严格。他总是把对儿子的教育放在第一位。

D. 状语残缺

⑭ 小的时候，我的父亲常常带着我到海边去散散步，一边走路一边（-给我）讲故事。

⑮ 有时候教我们很好听中国歌，有时候（-让我们）背中国唐诗比赛等等，……

E. 谓语残缺

⑯ 可是我长大以后，在思想方面，生活态度方面对我影响最大的人，确实（-是）她。她是一个基督徒，（-是一个）非学热爱神，非常感谢神的模范信仰者。

⑰ 我的母亲是典形家庭妇女．但我认为在这个世界上她（-是）最伟大的人。

⑱ 通过父亲我学到了社会和人生，（-学到了）道德、诚实、忍耐等等。

以上语段中，韩国学生省略了一些语法成分，造成语篇偏误。出现偏误的原因主要是学生受母语负迁移的影响，由于韩语形态丰富，人们借助于助词和词尾可以推断出语句中的语义关系；篇章表达中，一些副词和接续词尾可以起到篇章衔接的功能，因此，只要标记明确，有的成分省略（主要是主宾语）就不会产生理解障碍和逻辑错误。而汉语没有形态标记，语篇主要靠内在的语义关系系联。如果韩国学生将韩语的篇章表达方式移植到汉语上，就会产生语义不明、逻辑混乱的问题。

（2）替代问题

替代（substitution）指的是用替代形式来取代上下文中的某一成分。使用替代既是为了避免重复，也是为了连接上下文。

汉语一个话题链中，如果语义关系明确，一般来讲相同的成分出现一次即可，后边可以采用零形式、代词或其他形式替代。有的时候学生不太明白这一点，常常缺失或过度添加成分，造成文章拖沓松散。如：

> ⑲喜欢流行歌曲的人和不喜欢流行歌曲的人总是要矛盾的，也是一个解不出的问题，对于流行歌曲呢，应该多改造，广泛发展流行歌曲。让更多的人知道流行歌曲是什么。不要到了不久的将来会有无数的人被流行歌曲所迷上的程度，没有了流行歌曲就活不了的日子。所以一切都要有程度。

这段话除了词句等方面的偏误外，在篇章上还存在两个问题：

一是过度重复，语段多次重复"流行歌曲"，使得语义不连贯。这种情况也受到母语的负迁移影响，韩语篇章表达中，出现过的名词可以反复使用而不影响篇章的连贯性。此外，韩语书写格式中语法成分之间有空格，只有在一个完整句子或话题链结束时，才有标点符号；而汉语不太习惯冗长的句子，常常将一个长的句子分成若干短的句子表达，每个短的句子之间以标点隔开。韩国学生不了解这种表达方式，常常将每个小句视为一个完整的句子来表述，导致成分多余。（金椿姬，2008）

二是缺乏照应，如"喜欢流行歌曲的人和不喜欢流行歌曲的人总是要矛盾的，也是一个解不出的问题"，第二个分句之前应该用"这"来替代第一个分句所指出的现象，这样两句的语义关系才能建立起来。

这个语段这样修改可能更好一些：

> ⑳喜欢和不喜欢流行歌曲的人总是有矛盾的，这也是一个无法解决的问题。对于流行歌曲来说，我们应该着力改造，大力发展，让更多的人了解；不要让事态发展到不久的将来无数人迷上它、没有它就活不了的程度。所以一切都要有限度。

（3）连接问题

汉语书面表达式中，句子之间要通过一定的语义关系进行连接，组成篇章。这种语义关系有时要靠关联词语来实现，韩国学生在用汉语写作时常常出现连接方面的偏误。

A. 关联词语错用

㉑ *我父亲比他的朋友们早一点结婚了。结婚当时,我父亲二十二岁我母亲二十岁,<u>不仅</u>家里经济情况不大好,<u>而且</u>我出生了。
(我父亲比他的朋友们结婚早。结婚时,父亲二十二岁,母亲二十岁。当时家里经济情况不大好,我的出生更加重了家庭负担。)

㉒ *我家在庆州,<u>在庆州没什么好的大学</u>,<u>而且</u>从小就学习中国文学,所以我想好去釜山。
(我家在庆州,我从小就学习中国文学,因为庆州没什么好的大学,所以我想好去釜山上大学。)

㉓ *<u>因为</u>想他站起来的原因是推荐谁。大部分学生热烈地欢迎他当代表。
(原以为他站起来是想推荐别人,因此大部分学生热烈地欢迎他当(推荐)代表。)

B. 关联词语残缺

㉔ *我从小开始,她教我知道什么是自立和独立,什么叫责任感。
(从小她<u>就</u>教我知道什么是自立和独立,什么是责任感。)

㉕ *现代<u>就</u>自己表现的时代。现在不愿意消极的人。
(现代社会是表现自我的时代,<u>所以</u>人们不喜欢消极的人。)

㉖ *我的经济能力还不太强,请愿谅些。我一定要报答您。
(<u>由于</u>我目前的经济实力还不太强,<u>所以</u>我还不能报答您,请您原谅,将来我一定报答您。)

㉗ *不只是她生了我,才说最伟大,而是客观的角度上说是最伟大。
(不只是<u>因为</u>她生了我,我才说她最伟大,而是从客观角度上说,她最伟大。)

C. 关联词语多余

㉘ *信宗教的有人说,"他绝对不会这样做<u>而且</u>等待自己的爱人自然地去世。
(有的信宗教的人说,他绝对不会这样做(安乐死),他要等待自己

的爱人自然地去世。)

㉙ *父亲,那位为了我们牺牲了自己。可我呢? 父亲,我真对不起您。而且希望您以后快点儿回复健康。

(父亲,您为了我们牺牲了自己。可我呢? 我真对不起您! 希望您早日康复。)

D. 关联成分不当

㉚ *为了治疗没有希望的病人需要很多医生和医疗设备,所以别的病人不能这样的照顾。

(由于治疗没有希望的病人而浪费很多医生和医疗设备,结果别的病人不能得到良好的照顾。)

E. 逻辑关系不清楚

㉛ *我母亲没有什么好的文化程度,长相,高尚的品德,而且早就失去了父亲,家庭也很穷,只凭着她自己的体力劳动养了我们三个兄弟。

这个句群逻辑不清楚,似为:

我母亲文化程度不高,长相一般,品德也没那么高尚。我早就失去了父亲,家里很穷,全凭她体力劳动养活了我们三个兄弟。

下面的句群逻辑更不清楚,我们无法判断作者的原意。

㉜ *在我的人生里。父亲是什么存在? 我的人生道路和他那位的道路有什么不同? 等到95年4月,父亲要退休。

以上是韩国学生在书面表达时出现的一些篇章连接问题,出现这些问题的原因主要有两个,一个是韩国学生受母语的影响,正如前面所指出的,韩语形态丰富,篇章表达中,一些副词和接续词尾可以起到篇章连接的功能。因此韩国学生用汉语写作时不太注重关联词的使用,结果出现残缺、误用等错误。另一个是韩国学生没有掌握好汉语关联词及其他汉语篇章连接方式,造成篇章衔接不当。

二、针对韩国学生汉语写作教学的训练内容和方法

我们了解了韩国学生汉语书面表达的特点和问题,汉语教师平时就要针对这些情况对学生进行训练,以有效提高学生的写作水平。

不同的学习阶段有不同的写作目标,国家汉办于2002年颁布了《高等学校外国留学生汉语教学大纲(长期进修)》,对初中高不同阶段的写作教学提出了明确的目标。

初等阶段学生能用汉语拼音比较准确地写出听到的普通话音节,能用汉字听写出已学过的字、词、句;汉字书写笔画清楚,笔顺基本正确,具有初步的汉字结构的知识;能将一段简单的叙述写成文字,能写留言一类的便条或简短的书信等应用文;能写出400字的记叙文,在文章中表达自己对某事的基本态度,错字或病句不至影响读者对主要内容的理解。

中等阶段学生应具有整体听记较长语段(300字以内)要点的能力,速度不低于10字/分。能撰写一般性文章以及一定业务范围内的工作文件和普通应用文,格式基本正确,语篇较为连贯,表达较为清楚、准确。

高等阶段学生能用汉字整体听记较长语段的特点:能撰写一般性的文章和文件;能在两个小时内写出800字以上的命题作文(如议论文、记叙文、说明文、应用文等),汉字书写规范熟练,标点符号运用正确,用词恰当,语句通顺,条理清楚,句式有较为复杂的变化,能较充分地表达自己的思想感情。

我们参照《高等学校外国留学生汉语教学大纲(长期进修)》的要求,认为针对韩国学生的写作教学应训练以下几方面的内容。

(一)篇章格式的训练

初写汉语文章的学生,不太熟悉汉语文章的书写格式(尤其是汉语应用文体的格式),他们常常按照母语的表达格式书写,出现偏误。教师要在第一次写作

课上向学生交代。

教师可以首先向学生展示书写在方格纸上的范文,并讲明范文的格式,请学生注意。然后再给学生看一篇韩国学生的格式错误的习作,让学生指出其中的问题,并提出改正的方法,这样学生就能基本了解汉语文章的格式。在此后的写作练习中,教师不断提醒和纠正,学生就会慢慢习惯和遵守这些格式。

标点符号错误也是学生常出现的问题,教师要说明汉语标点的用法并在学生写作练习过程中不断予以纠正。

(二)初级汉语水平学生的语句训练

一般人认为留学生作文应从中级汉语水平开始,我们认为这至少对韩国学生来讲不适用。韩国学生有汉字基础,而且他们有书面表达的习惯,因此汉语教师应该将学生的写作技能训练与听说读同步进行。也就是说,学生应该从学汉语开始就着手进行书面表达训练(当然不一定是专门的写作课)。这样能够夯实学生书面表达基础,减少词句偏误,尽快提高写作水平。

1. 听写法

初级水平的学生对新学的生词、课文有一种新鲜感,韩国学生常有写下来的欲望,教师要因势利导。教师通过讲授课文,对学生进行充分的听、说、读技能训练以后,可以口授句子让学生去写。这些句子可以是课文中的句子,也可以是教师根据所学新旧内容自拟的句子。听写时可以让一个学生到黑板上来写,其他人在自己的本子上写。听写完后,大家一起补充纠正黑板上的句子,确立标准答案,然后让学生互换本子,相互纠正。

程度较高的班级也可以采用听录音写课文的方法,教师将学完的课文放2~3遍录音,让学生一边听一边写和补充,这种方法可以锻炼学生的辨音和书写速度。

2. 默写法

就是让学生记忆并书写课文重要语句甚至全文。有以下几种方式:

(1)教师将重要句子用PPT展示出来,让学生记忆,然后抹掉句子,让学生凭记忆上讲台来写,其他人在自己的本子上写。学生在黑板上写完后,让大家来修改补充。

（2）教师在黑板上给出课文中的关键词语或关联词语，让学生一个一个上讲台凭记忆写出全文。写完后让学生对照课文修改补充。

（3）用课本插图或教师自己将课文内容转换成图画，让学生按照图画显示的情节写出课文内容。

以上方法虽然比较机械，但对初级韩国学生输入准确的汉语信息、牢固掌握汉语结构、建立良好的语感、奠定坚实的书面表达基础非常有效。

3. 句子生成法

学生在经过一定的语言输入，具备一定的语言基础之后，教师要让学生尝试进行语言输出，生成一些句子。教师可以由易到难，逐步引导。

（1）组句

教师提供一些词语，将这些词语的顺序打乱，让学生模仿学过的句子结构组合出正确的句子。如：

① 一遍　再　说　你　吧
——你再说一遍吧。

教师在学生组句过程中，要注意纠正学生的错误。如学生可能按照韩语的语序组出"你再一遍说吧。"这样的句子。教师可以将汉韩两种语序进行对比，以帮助学生掌握汉语的表达结构。

（2）完成句子

教师可以给出一个句子的开头或前半个句子，让学生完成句子。可以是无控制的完句，如：

② 泡菜_____。
③ 泡菜很好吃，_____。

也可以是有控制的完句，如：

④ 泡菜很好吃，_____。（不过）
⑤ 泡菜很好吃，_____。（不过　方法）

（3）情境造句

教师可以给出一个情境，让学生根据这个情境，写出句子。

A. 问答式，让学生无控制地写出答案：

⑥ 你为什么喜欢泡菜？_____。

也可以是有控制地写出答案，如：

⑦ 你为什么喜欢泡菜？_____。（既……又……）

⑧ 你为什么喜欢泡菜？_____。（既……又…… 味道 所以）

B. 看图写句子，给学生一些图画，让学生写出图画的情景，如：

a. _____。　　b. _____。（优美　有点儿）

教师可以根据学生程度，进行控制性练习，增加书面表达的难度。如 b，让学生按照所给的词语写出情景等。

（三）初中级阶段的语段训练

语段训练是学生书面写作从语句上升到语篇的过渡阶段，也是写作训练的关键阶段。学生掌握了一定量的句子之后，常常希望表达较为复杂的情景、经历、感受等。教师要及时引导。这一部分训练得当充分，学生就能越过这个坎儿，写出字通句达、文脉清晰、逻辑严密的文章，否则学生的书面表达水平就可能一直停留在词句堆砌的水平上。

1. 读后写

给学生一段难易适度的短文，让学生默读两遍，然后写出大致的意思，可以规定句数，如三句、五句等。如果短文较为复杂，教师可以将关键词语写在黑板上，让学生参照。

2. 听后写

教师读一段短文，让学生认真听，然后让学生按照要求写出语段。听后写较读后写来说，难度更大，教师可以根据情况实施逐步引导的策略，让学生写出语段。看下例：

① 先听两遍短文，然后回答问题（教师先将人名、地名以及难词写在黑板上）。

很久很久以前，有个姑娘叫祝英台，是个活泼可爱的女孩子。她个子高高的，长着一双会说话的大眼睛，人人都说她长得既聪明又漂亮。有一天她想到杭州读书，父亲不同意，因为在过去出去读书是男孩子的事情。祝英台急得团团转，不过她马上想到一个主意：女扮男装。最终，父亲还是同意了。

在去杭州的路上，祝英台遇见一个长得很帅的年轻人，他就是梁山伯，也到杭州去读书，于是，他们一起高高兴兴地去学校了。

两年过去了，他俩成了要好的朋友。突然有一天，祝英台收到父亲的信，说家里有急事，让她必须马上回家。

在送别的路上，他们遇到一口井，祝英台指着井水中两人的影子说："你看，我俩多像一对夫妻啊。"梁山伯听了以后不高兴："我们都是男人，你怎么说我们像夫妻一样呢！"后来，祝英台又暗示了梁山伯几次，但是傻乎乎的梁山伯一直没有感觉出来。

祝英台走了以后，梁山伯十分思念祝英台。在这个时候，师母告诉他："祝英台是个女孩子，她心里一直喜欢着你。"梁山伯高兴得跳了起来。他决定马上去祝家求婚。可是祝英台的父亲却让女儿嫁给一个有钱的大官的儿子。梁山伯十分伤心，回家不久，就得了重病死了。

祝英台很伤心，结婚那天，花轿经过梁山伯的墓时，下起了暴雨，祝英台跑到梁山伯的墓前痛哭起来。突然，墓打开了，祝英台一下子跳了进去，墓又合上了。

第五章　汉语写作课教学的方法与技巧

　　这时，雨停了，太阳出来了，一对美丽的蝴蝶从墓中飞了出来，在鲜花中飞舞。

　　直到今天，他们的浪漫故事还在广泛流传。

　　a. 祝英台长得怎么样？
　　b. 祝英台想出什么办法去读书？为什么？
　　c. 梁山伯与祝英台的感情怎么样？
　　d. 梁山伯为什么死了？
　　e. 祝英台结婚的时候怎么了？

② 填写：

　　a. 祝英台长得_____。
　　b. 由于_____，后来祝英台只能_____去读书。
　　c. 祝英台与同学梁山伯成了_____。
　　d. 梁山伯知道祝英台_____，就去求婚，可是_____。
　　e. 祝英台结婚的时候到了梁山伯的坟前_____。

③ 请学生根据练习写出一段话。

3. 续写

教师可以读一篇故事，让学生写出一定字数的故事结尾。如：

　　一个漂亮的韩国女孩与一个中国帅哥在公园约会。忽然，帅哥表情局促不安。女孩问："你怎么了？"帅哥不好意思地说："我要方便方便。"

　　女孩不知"方便"是什么意思，只见帅哥向公共厕所走去，才知道"方便"就是要大小便。到了分别时，女孩问帅哥："你什么时候到我那儿去玩儿？"帅哥答道："我想在你方便的时候去。"

_____

_____。（写五句）

4. 联想扩展

教师可以给故事起一个头，让学生一个接一个地口头接续下去，形成一个完整的故事，然后让学生写下来。如：

教师：小王和小红一起去公园，

学生1：他们来到湖边，

学生2：湖边的景色很漂亮。

学生3：……

……

5. 组段

语段不是句子的简单堆砌，而是靠内部语义联系的整体。组段是训练学生对汉语表达方式的把握能力，也是对学生逻辑思维能力的锻炼。教师可以将一段话打乱顺序，让学生整理。如：

① 首先，校长代表校方致词。

② 全校师生参加了捐款仪式，教室里坐满了人，显得很热闹。

③ 下午三点，一个捐款仪式在教室里举行了。

④ 教室里响起热烈的掌声。

⑤ 接下来，捐款者发言："首先，我想向其他20名贫困生表示道歉，对不起，我还没有能力资助所有的学生。总有一天，我会回来弥补你们的遗憾！"

正确的顺序应该是 ＿＿＿＿＿＿＿＿＿＿＿＿。（③、②、①、⑤、④）

6. 根据情境写语段

（1）根据图片写语段

教师可以给学生提供一个有意思的图片，让学生讨论，然后写一段话。如：

小王和小莉怎么了？请根据想象写一段话。

＿＿＿＿＿＿＿＿＿＿＿＿＿＿＿＿＿＿＿＿＿

＿＿＿＿＿＿＿＿＿＿＿＿＿＿＿＿＿＿＿＿＿

＿＿＿＿＿＿＿＿＿＿＿＿＿＿＿＿＿＿＿＿＿

（2）根据视频写一段话

教师可以让学生看一段录像视频，让学生根据视频内容写一段话。

（3）根据实际情况描述

教师可以让学生描述自己的家、宿舍、学校等。

7. 改写

教师可以将一篇口语对话给学生，让学生写成一篇书面语段。如《来，认识一下儿》[①]：

> 玛丽：（敲门）
>
> 田中：谁呀？
>
> 玛丽：请问，大卫同学是在这儿住吗？
>
> 田中：是啊，可他现在不在，出去了。你是……
>
> 玛丽：我叫玛丽，是他的朋友，刚从美国来。
>
> 田中：进来坐会儿吧，他马上就回来。
>
> 玛丽：打扰了。（进屋）
>
> 田中：请坐。我姓田中，日本人，是大卫的同屋。我是前年九月来这所大学的，现在是历史系二年级的学生。
>
> 玛丽：我也打算在历史系进修。我对中国历史很感兴趣。
>
> 田中：那咱们以后就是同学啦！
>
> 玛丽：我的汉语还不行，今年恐怕入不了系。以后还得请你多多帮助。
>
> 田中：好说，好说。

➡ 玛丽去大卫的宿舍找大卫，可是他出去了，只有他的同屋日本留学生田中在宿舍。田中是历史系二年级的学生，玛丽也想去历史系进修，只是担心自己的汉语水平不够，所以请田中多帮忙，田中愉快地答应了。

也可以给学生一篇叙述性的文章，让学生换一种角度叙述，如人称转换、情境转换等。看下例：

[①] 选自《中级汉语口语》，北京大学出版社，2004年第2版。

请将下文转换成"我"是想租房的人,写出这个故事的大概情节。

我想出租一套房子,广告刚登出来,电话就响了,是一个嗓音有些沙哑的中年男人。

"我想租你的房子。"

"可以呀!"我说,"一个月800块,至少租一个月。房子80平方米,两室一厅,有家具,还有电话、空调、电视机、洗衣机,800块钱不算贵。你租多长时间?"

"我租半个月,行吗?"

我愣了一下说:"开什么玩笑?""啪"就把电话挂了。

挂了电话没有5分钟,电话又响了。我听了听,还是他。"有完没完?你怎么净捣乱?"

"不是不是,"他解释着,"我有特殊情况。"

"这世上也没听说租房子只租半个月的,太费事了,这样吧,你如果想租半个月也行,1000块吧。"

这次是他放了电话,放电话之前,他还说了一句对不起。

中午刚到单位,保安告诉我外面有人找我。我看到一个中年男人,很矮,腿有点拐,正一步步向我走来,他一开口打招呼,我才知道是那个打电话的人。

我不高兴地说:"怎么?来明察暗访吗?"

他说:"不是不是,我来找您,还是要租房子,只是财力有限,只能租半个月。"

我想马上打发他走。他说:"我有特殊情况。我媳妇和孩子要从乡下来,我一直告诉她们我住的房子很好,有电话、电视机,还有空调和洗衣机,她们从来没有用过,住半个月就走,我要兑现我说的话。你要是能租给我,那太感谢了。"

我听了心里酸酸的,他看起来像个粗人,没想到心还挺细。随口问到:"你做什么工作?"

"我腿脚不方便,在火车站擦皮鞋。住在浴池,晚上帮他们看大门,往年浴池盈利时,我可以免费住,现在浴池有点亏损,每个月就要上交一点住宿费。"

听了之后,我心潮澎湃,能够想象那脏兮兮乱哄哄的浴室,恐怕他送走最后一个客人才能睡觉吧,而他一直对妻子隐瞒着自己的生活。

我交给他钥匙。他塞给我400块钱,四张格外崭新的票子,他说:"这是用一块一块的零钱从银行换的,因为给人家一大堆零钱毕竟不好。"我坚持不收他的钱。

最终他们一家人欢天喜地地相聚了,他的妻子总是一脸微笑,孩子很害羞,不爱说话。他告诉妻子我是他的老客户,也是他的房东,常来擦皮鞋。

半个月后,她们走了。他来还钥匙,顺便带了土特产表达一点心意,还四处找我的鞋,非要给我擦鞋,他说:"我就这点能耐,你这么帮助我,理应要感谢你。"

后来每想起他,我就觉得世界上即使最寂寞的角落,也有亲情的阳光。有亲情的地方就是天堂。

答案:

我是一个残疾人,腿脚不方便,从乡下来到城里给人家擦皮鞋。我白天在火车站干活,晚上为了省钱就住在浴池,帮浴室看大门。往年浴池盈利时,我可以免费住,现在浴池有点亏损,每个月还要上交一点住宿费,日子还过得去。我媳妇和孩子一直住在乡下,为了不让她们担心,我告诉她们我在城里生活不错,住的房子很好,有电话、电视机,还有空调和洗衣机。她们听了很高兴。

最近我有点为难,我媳妇和孩子要来城里看我,想住上半个月。我绝对不能让她们知道我住在浴池,这样不仅让她们觉得我在欺骗她们,更重要的是她们会担心我。怎么办?

就在这时,我看到报纸上有一则房屋出租广告:某房子80平方米,两室一厅,有家具,还有电话、空调、电视机、洗衣机。这套房子跟我给她们描述的房子一样。有了!我临时租这套房子让她们住半个月不就行了?可我仔细一看:一个月800块,至少租一个月。800块!我一个月起早贪黑才挣400块,对我来说,这太多了!能不能跟房主说说只住半个月?我抱着试试看的态度给房主打了个电话。接电话的是一个女的,声音挺厉害,她的回答让我近乎绝望:"不行!"哎!怎么办?眼看媳妇和孩子要来了。我还是亲自找她说说去,我相信世上还是好人多。

139

到了她的单位，我找到了她，她满脸的不高兴："怎么？来明察暗访吗？"我连忙赔着笑脸："不是不是，我有特殊情况……"我把我的情况一五一十地跟她说了，慢慢地，房主似乎被我的话感动了，最后终于把钥匙交给了我。我喜出望外，连忙把从银行换来的崭新的400块钱塞到她手中，一个劲儿地道谢。房主真是好人，她坚持不收我的钱！

几天后，我们一家人欢天喜地地相聚了。妻子看到我在城里生活得很好，很满意，她总是带着一脸微笑。只是孩子刚到城里眼生，有点害羞，不爱说话。我告诉妻子，房东是我的老客户，常来擦皮鞋……

半个月后，她们走了。我去还钥匙，顺便带去一些土特产。我觉得房主真是好人，这点土特产不能表达我的谢意。我四处找她的鞋，一定要给她擦擦鞋——我就这点能耐，人家这么帮助我，给人家擦擦鞋理所应当。

通过这件事，我对城里人的看法完全改变了，我觉得世界上无论在哪个角落，都有亲情的阳光。

语段训练的方法还有很多，教师可根据学生的情况，适当采用。

（四）中高级阶段的篇章训练

实际上，语段教学和篇章教学是密不可分的，有时二者的方法可以交叉使用。篇章训练的主要方式有如下几种：

1. **篇章组织训练**

中高级阶段学生要写出句式复杂、逻辑严密、文意流畅的语篇，就需要对学生进行篇章衔接手段、汉语逻辑组织与表达能力的训练。训练方法有：

（1）汉语复句关联词的搭配及使用

常用的汉语复句关联词及用法有以下几种：

A. 并列句

各分句间的关系是平行并列的，如："美惠既漂亮，又聪明。"

常用的关联词语有："又……又……、既……又……、一边……一边……、那么……那么……、是……也是……（不是）、不是……而是……"等。

B. 承接句

各分句表示连续发生的事情或动作，分句有先后顺序，如："看了他的演示后,我就照着样子做。"

常用的关联词语有:"……接着……、……就……、……于是……、……又……、……便……"等。

C. 递进句

分句间是进一层的关系,如:"江原道不但景色奇异,而且物产丰富。"

常用的关联词语有:"不但(不仅)……而且……、不但……还……、更(还)……、……甚至……"等。

D. 选择句

各分句列出几种情况,表示从中选出一种,如:"爸爸回家后不是看电视,就是看报纸。"

常用的关联词语有:"不是……就是……、或者……或者……、是……还是……、要么……要么……、宁可(宁愿)……也不……、与其……不如……"等。

E. 转折句

后一个分句与前一个分句的意思相反或相对,或部分相反。如:"尽管汉语课作业很多,但是我还是很喜欢学汉语。"

常用的关联词语有:"虽然……但是……、尽管……可是……、……然而……、……却……"等。

F. 因果句

分句间是原因和结果的关系,如:"由于天气不好,因此我们取消了这次登山活动。"

常用的关联词语有:"因为(由于)……所以……、……因而(因此)……、既然……就……、之所以……是因为……"等。

G. 假设句

一个分句表示假设的情况,另一个分句表示假设实现后的结果。如:"即使天气不好,我们也不放弃。"

常用的关联词语有:"如果(要是)……就……、即使……也……"等。

H. 条件句

一个分句说明条件,另一个分句表示在这一个条件下产生的结果。如:"只有努力学习,才能学好汉语。"

常用的关联词语有:"只要……就……、无论(不管、不论)……也(都)……、只有……才……、凡是……都……、除非……才……"等。

教师要组织大量练习,让学生能够掌握关联词的搭配规律和用法,并能够自如地运用。如教师可以将一篇完整篇章的连接词语删掉,让学生填出合适的关联词:

中国已被列为缺水国家,即使在雨水偏多的南方,_____降雨不均匀,_____存在缺水季节。滴灌可节约用水,_____可降低空气相对湿度,减轻病害,而且成本不太高。_____积极推广滴灌设施是可行的。(由于 也 又 因此)

(2)复杂语篇的组织训练

教师要锻炼学生的篇章组织能力和用流畅的语言充分表达思想的能力。一些可采用的方法如下:

A. 教师可以提供一些语言片段,让学生运用篇章衔接手段将其连缀成篇。

  a. 我年轻时,非常爱好文艺,我也写过文章投过稿。
  b. 我从来没有想到向名家请教,给人家写信。
  c. 我没有机会去拜访名家。
  d. 原因可能是当时我没有写出像样的东西,我也没有出过书。
  e. 很多年以后,我能出书了,我没有给名人送过书。
  f. 我编刊物,很少向名人约稿。
  g. 我守株待兔,等候着年轻人的投稿。
  h. 我身在文艺界,和文艺界的名人接触不多。

➡我年轻时,非常爱好文艺,<u>也</u>写过文章投过稿。<u>但</u>从来没有想到向名家请教,给人家写信,<u>更</u>没有机会去拜访名家。<u>也</u>可能是因为当时我没有写出像样的东西,<u>更</u>没有出过书,没有资格这样做。很多年以后,我能出书了,<u>但</u>没有给名人送过书,编刊物,<u>也</u>很少向名人约稿,<u>只是</u>守株待兔,等候着年轻人的投稿。<u>所以</u>我身在文艺界,但和文艺界的名人接触不多。

使用必要的篇章衔接手段(如省略、替代、连接等),可以将松散的材料连接成逻辑清晰、语义贯通、内容周密的语篇。教师在学生练习后,应纠正学生的问题,并讲解范文,让学生体会范文的表达方式。

B. 将段落打乱顺序,让学生重新组织成篇。如:

　　a. 反倾销没有错。奇怪的是,国内企业在抱怨外国纸价太低的同时,却对另一事实从不提及,那就是外国新闻纸的质量高。

　　b. 当西方人把文字写在羊皮上时,聪慧的中国古人已经发明了纸。但是今天,在纸的故乡,提起纸来,我们的骄傲也仅此而已。特别是去年,国内造纸业陷入一片低迷之中,停滞不前。

　　c. 其实不仅仅是新闻纸,我国纸业的整体水平都偏低。除了极少数大型企业具备80年代的世界技术水平外,大部分造纸企业还停留在本世纪中期的技术水平。造纸术是我国发明的,但今天最先进的造纸术却不在我国。国外纸业装备趋向自动、高速、多功能化生产流水线,这恰恰是我们所欠缺的。

　　d. 前不久,吉林、广州等九大纸厂打响了中国反倾销的第一枪。原来,美国、加拿大等国的进口新闻纸以低价冲击我国市场,仅1996年就抢去了约40%的市场份额,造成绝大部分企业出现停产或减产的状况。去年上半年,国内新闻纸业又亏损了2036万元,全行业陷入了亏损。

　　正确的段落顺序应该是＿＿＿＿＿＿＿＿＿＿。(b—d—a—c)

C. 给学生一些事件背景或主题让学生写出语篇。
如给出背景材料:

表6　人物生平

姓　名	唐杰	性　别	男	出生年月	1965年8月
出生地	北京	现就职公司	大洋保险公司			
现任职位	经理		业务专长	经营管理	
最高学历	工商管理硕士		毕业院校	香港大学	
工作生活经历	何年	经历			
	1995年	进入大洋保险公司			
	1997年	去英国培训,认识了女朋友丽莎			
	2001年	跟女朋友结婚			
	2002年	提升为总经理助理			

有时也可以直接给学生一个主题,让学生自己查阅资料,写成文章。如谈一

143

谈中韩饮食方面的异同等。

2. 开头和结尾训练

经过大量的语篇组织训练后，学生基本上掌握了内容表达的方法。但有时学生规划好了内容后，不知如何下笔；内容表达完后又不知如何收笔，结果出现一些问题。

（1）文章开头的写法

写好作文要从写好开头开始，开头非常重要，它对理清思路、引出下文、凸显文章的中心，都有着重要的作用。

韩国学生开头常出现的问题是：

1）开头概括的内容过少，不能统领全文。

2）不能概括文章主体的内容，说一些与主体内容无关的绕弯子的话。

3）开头过长，造成头重脚轻的局面。

4）开头形式过于单一，有的只会使用叙述一种表达方式。

5）没有文采，不吸引人。

看下面这篇短文：

记对我影响最大的一个人

我考上大学以前，是个普普通通的人。没有特别的愿望，也没有特别的特点，在家里长大，不爱出门。可是时间不等我，一转眼，我已经成人了，也该上大学。

我家在庆州，在庆州没什么好的大学，而且从小就学习中国文学，所以我想好去釜山。一九九一年3月开始上大学。在釜山我租了一个房子生活了。当初我找不到知音，也找不到没好的生活。那时后我的一个朋友给我介绍了一个社团叫传统艺术研究会。那时我觉得不错的社团，所以每天下了课就去那个社团。

在传统艺术研究会，我学了韩国的传统乐器舞。到了晚上一起去吃饭，有的时候一起去喝酒。过了一个月左右，我已经认识了很多人，也认识了现在也不能忘的一个女生。

……

这篇文章的开头内容庞杂，写了三段才进入主题，这种开头方式汉语写作一般不予提倡。

汉语写作开头的方式有很多种，但一般讲究开头要吸引人，激发阅读兴趣。

A．开门见山

文章一开头，就直奔主题，将想叙述说明的问题呈献给读者。这样能够一下子吸引住读者，而且还不会跑题。例如《我的姐姐》一文开头：

> 我从小不爱说话，不喜欢跟陌生人打交道。所以小时候，朋友很少，要说朋友的话，只有一个，（那）就是我的姐姐。……

B．提示中心

文章开始就提出中心，让读者对文章的主题有一个明确的了解，如《我看吸烟》的开头：

> 吸烟不仅影响吸烟者自身健康，而且影响他人健康。……

C．描写引入

通过描写人物的肖像、服饰、神态等，树立鲜明的人物形象，从而展开情节；也可以通过描写自然环境、社会环境去交代背景渲染气氛，从而引出主题。

D．设置悬念

先把事件的结果或某个情况放在开头，设置疑问，激发读者的兴趣，然后再进行叙述或议论说明。

E．对比

在文章的开头，把不同的事物、事件、情况等进行对比，或对同一事物、事件、情况的不同侧面进行对比。通过对比可以使所表达的事物、情况特点突出、形象鲜明，容易给人留下深刻的印象。

F．回忆联想

通过回忆、联想引出下文，展开思路。如写有关环保问题的作文时，学生先从回忆小时候故乡的青山绿水开头，然后笔锋转入对环境污染的看法，比较自然顺畅。

（2）文章结尾的写法

中国人讲究做事善始善终，开头起得好，结尾也要收得妙。结尾收好了，能给读者以深刻的感染，启发读者深入地思考问题，从中得到教育鼓舞。

145

韩国学生文章结尾常出现的问题是：

1）仓促止笔，有头无尾。

2）顾左右而言他，转移方向。

3）拖泥带水，啰唆繁冗。

4）首尾缺乏照应。

看下面这篇短文：

对我影响最大的一个人

有一天，我看了一部叫作《A计划》的香港电影。我第一次看了那么精采的电影．我简直被那部电影吸引住了。后来我上高中的时候，每周至少看了两，三部的香港电影．那时我对中文的兴趣也产生了。所以，我在高中毕业的时候，报考中文系。当时，我们班的老师我问了"进永！你报考中文系干什么？那个洗没有前途的。可是，我情愿地报考中文系，终于考上了。原来他是个文盲。可这些事情是对的我毫无意义的。他每年拍了一部电影。

这篇作文不仅文不对题，而且结尾与开头没有关系，转移了写作方向。

结尾的方法有以下几种：

A. 瓜熟蒂落，交代清楚事件的结果或得出的结论。干净利落，不拖泥带水。

B. 语言含蓄，发人深思。可以在结尾留有余地或提出问题，让人们思考。

C. 首尾呼应，使文章结构谨严，浑然一体。

D. 篇末点题，突出中心，帮助读者体会全文的深意，给人留下深刻的印象。

这些方法各有千秋，教师可以出具范文，让学生体会各自的特点。

（3）开头和结尾的训练方法

1）分析判断训练

教师可找一篇范文，提供几个开头或结尾，让学生讨论判断哪一个更好，并说明理由。

2）实践训练

教师找好合适的文章或材料，去掉开头或结尾，让学生写出开头或结尾。写完后，让学生讲述这样写的理由，其他同学发表意见。

也可以教师出具学生熟悉的题目，如《一件难忘的事》，让学生写出开头或结尾。

三、汉语写作课堂教学的环节和策略

前面是对写作教学训练内容和方法的介绍，至于在课堂上如何操作，涉及一个教学程序的问题。下面介绍一下写作教学的课堂环节和策略。

（一）写前指导

1. 学习内容及文体知识介绍

学生写作前教师要介绍写作的内容是什么，如写自己的经历、对问题的看法还是说明某个情况等；拟写作文体的格式及语言等方面的特点是什么，如记叙文的六要素，议论文的三要素，应用文的格式及语言要求等。

2. 引导指导

这一环节教师要调动学生积极性，引导学生怎么组织材料去写。具体的方式有：
（1）讨论指导式

教师交代完写作的内容及相关问题后，可以让学生先讨论发言，启发学生开拓思路。如让学生写作"我的朋友"，可以先让学生讨论，然后让学生回答问题：

  a. 朋友的职业、年龄、面貌特征。
  b. 性格、业余爱好，与你在这些方面的异同。
  c. 为什么会成为你的朋友？说出你们交往的一两件事。
  d. 对你们的友谊你有什么看法？
  ……

教师可以参与学生讨论，在学生回答问题时，教师要不断纠正其错误的用词和语法等问题，并提醒大家注意。在学生讨论和回答问题的同时或回答问题后，教师要将提问的问题变成写作的参考提纲写在黑板上,帮助学生理清思路;必要时将关键词句写在黑板上让学生参考。

这些工作做充分以后,就可以让学生分头去写了。

(2) 材料对比式

有的文体韩语书面语表达方式或格式跟汉语不一样,教师可以拿韩语文章和汉语文章对比,由此让学生了解汉语的书面表达特点。如写简历,汉语简历写法与韩语有同有异,教师可将两个简历展示给大家,让学生讨论对比,使学生领会汉语简历的特点和写法,避免受母语表达的影响。通过对比,学生充分掌握了汉语简历的写作要领后,再让学生去写。

(3) 例证式

教师给学生一些题材、内容类似的范文,并引导大家讨论分析,同时给学生提示和补充重要的词语、句式等。通过有步骤的练习,让学生掌握要领,然后让学生去写。

下面举例具体说明简历写作的课堂环节:

A. 热身活动

你写过简历吗?说说一份简历包括哪些内容。

B. 范文讨论

表7 简历

个人信息				
中文名	李小明	英文名	Echo	
国籍	澳大利亚	出生年月	1975年9月	
婚姻状况	未婚	性别	女	
学位	学士	专业	物理学	最近一寸照片
电话号码	010-123456	手机号码	13630344334	
E-mail	lixiaoming@gmail.com	住址	北京海淀区万柳东路南口19号	

续表

教育背景	2000年6月毕业于北京大学，获得学士学位，平均绩点3.7，获得"新星星"奖学金二等奖。 1996年6月选修第二专业：市场管理。 2000年获双学士学位。 与企业管理有关的课程：管理学、会计学、经济学、市场调查、社会学等。
工作经历	2005年9月—2006年4月，担任总经理助理，安排总经理的出差旅行计划时间表，作为公司代表接见客户，协助公司谈成一笔500万美元的交易。 2006年7月—2007年3月，加入人力资源部，通过有效的人员利用，为公司减少每周20个工时的预算。 2007年10月被提升为华东地区副总裁，负责该地区的销售工作。
其他情况	大学时是校学生会的积极分子，曾任校女子篮球队队长，多次获得比赛奖。 实践活动： ——招收与培训328名志愿服务者 ——策划全校大型秋季运动会 精通三门语言：英语、汉语、拉丁语。 爱好：网球、游泳、高尔夫球。

C. 说一说，学一学

练习1——个人信息

① 小词库

> 姓名（中文名、英文名）、性别（男性、女性）、身高（米、公分、厘米）、体重（公斤）、健康状况（良好、健康等）、婚姻状况（未婚、已婚、离异、无子女、有子女）、学历（小学、中学、本科、硕士、博士）、专业、院校（××大学、××学院）、住址（省/市、区、街/路、胡同、村）、电话号码、手机号码、电子邮箱（E-mail）

② 练一练

请使用小词库中提供的词语，填写下面的表格。

表8 个人信息

个人信息				
中文名		英文名		
婚姻状况		毕业院校		
学位		专业		
电话号码		手机号码		
E-mail				
住址				

练习2——教育背景

① 小词库

学位　学士　双学士　硕士　博士　留学生　课程　主修　专业　管理学
社会学　应用化学　中文系　经济学院　选修　奖学金　院长奖　学期
校长　系主任　（副）教授　助教　研究员　学位证　毕业证　成绩

你需要补充的词语：

② 句式

表9 句式

句式	例句
毕业于	1999年毕业于北京大学。
获……学位	获汉语言文字学专业文学硕士学位。
平均成绩是……	在校期间，平均绩点是3.7。
获……等奖	在"挑战杯"竞赛中获三等奖。
主修课程有……	主修课程有现代文学、古代文学、现代语言等。
关于……课程有	关于企业管理的课程有管理学、会计学、社会学。
被评为……	学习成绩连续三年被评为全年级第一名。
就读于……	2007—2010年就读于南京大学文学院。

③ 练一练

请使用前面提供的词语与句式，写一写自己的教育背景。

_____

_____

_____

练习3——工作经历

① 小词库

兼职　业绩　管理　实习生　经理　代理人　工程师　组织　参加　负责　被提名为　被提升为　销售员　设计师　秘书　翻译　编辑　记者　推销　培训　谈判　承担　赚取　开发　成本　促进　完成　任务　提高　精通　工程　创办　公司　提高　利润　降低　产品 你可以补充的词语：

② 句式

表10　句式

句式	例句
作为……	作为实习生，他出色地完成了公司交给的任务。
主要负责……	主要负责起草详细的工程说明书、工程分析等工作。
设计出……	设计出了新型设备。
被提升为……	年终被提升为总经理助理。
被任命为……	2009年7月被任命为华东地区副总裁。
承担……项目	承担环保产品开发项目。
安排……	作为秘书，安排总经理的出差计划时间表。
降低……成本	这次策划活动为公司降低了100万元人民币的成本。
减少……预算	通过有效利用人员，减少每周40个工时的预算。
兼任……	在公司兼任电脑培训员，管理20名电脑工作人员。
成为……之一	本人成为俱乐部中5%的优秀培训员之一。

③ 练一练

请使用前面提供的词语与句式，描写最近几年里你或别人的工作经历。

表11 _____（人名）的工作经历

时间	担任职务	工作内容	取得的成绩

练习4——其他情况

① 小词库

发表作品　著作情况　业余爱好　兴趣　爱好　钓鱼　油画　摄影　高尔夫
写作　获奖　特等奖　精通　擅长
你需要补充的词语：

② 句式

表12 句式

句式	例句
擅长……	擅长钓鱼、创作油画、写作等。
获……	在全国的优秀摄影作品展中获特等奖。
精通……（语言）	本人精通四门语言：英语、汉语、西班牙语、拉丁语。
发表……	在校期间，发表数十篇新闻作品。
参加……	课余期间，广泛参加社会实践活动，比如2003年策划全校春季大学生运动会。

③ 练一练

请使用前面提供的词语与句式，写一写自己的技能、实践活动、获奖情况和爱好。

技能	获奖情况	实践活动	兴趣爱好

D. 实战练习

你最想做什么工作？根据个人情况，写一份简历来申请这份工作。

E. 完成初稿

通过例证、讨论，教师步步引导，学生反复练习，学生就能够掌握简历的格式、用词、句式，这样学生就能够进入实际写作阶段。

（二）作文批改

学生在教师的指导下完成初稿后，教师要组织批改。批改不一定由老师单独完成，教师可以先发挥学生的作用，让学生根据学过的内容检查修改之后再批改。

还是以简历写作为例，具体步骤如下：

1. 学生自己修改

① 标出"说一说，学一学"中提到的词语和句式。
② 标出自己没有把握的地方。

2. 学生交换修改

① 检查同伴的作文，标出你认为不恰当的汉字、词语、语法或标点符号，跟同伴交换意见后加以修改。
② 阅读同伴的作文，标出值得你学习的地方，并试着运用到自己的作文中。

3. 教师批改

一般来说教师批改应在课后进行，教师批改应注意保护学生的积极性。大体上，初中级学生的作文词句问题较多，教师应用发展的眼光看待学生的偏误。一些表达不太地道但不影响原意的词句，可以暂时容忍，留待以后解决。避免学生作文通篇泛红，损伤学生的写作积极性。

对于一些表达上的明显错误，可不必立即修正，教师可用红笔在错误处做上标记，让学生自己思考修改。这种方法可以调动学生的思维，加深学生的印象，增强学生防范错误的意识。

（三）作文讲评

作文讲评是写作课堂教学非常重要的环节，是教师对学生作品的再次指导。跟写前指导不同，这次指导更有针对性。

1. 肯定优点

教师讲评作文时要肯定学生的成功之处，要对学生的作文在语言方面、格式方面、内容方面的优点进行充分的表扬。肯定学生时应注意以下方面：

第一，肯定学生时要中肯，要以具体的实例去说明，有理有据，让学生通过讲评进一步加深理解、提高认识。切忌虚情假意、泛泛而谈、流于形式。

第二，肯定学生要注重策略，不能每次都表扬那几个水平高的学生，而忽视其他学生，应该发现大部分同学的长处。课堂上除了展示好的作文之外，还要表扬和展示一般学生闪光的词句，鼓励学生进步。

2. 归纳问题

教师要对学生作文中出现的主要问题和普遍问题进行归纳，分类整理，然后展示给学生，让学生讨论分析。在讨论分析时，教师要有针对性地引导。通过讲清道理，帮助学生找出原因，提高认识水平。应注意以下方面：

第一，要分析纠正主要的和共性的问题，不必将个别的、临时性的问题提交大家讨论，否则起不到好的效果。对于个别同学的突出问题，教师可跟该学生单独交流，指出其问题所在，这样既维护了学生的自尊，又不耽误大家的时间。

第二，即便是共性的问题，也不能指名道姓，更不能挖苦讽刺。要创造轻松的氛围，将学生的注意力引导到找寻问题的症结上来。

3. 作文赏析

上述环节完成以后，教师可以将学生的一两篇成功之作发给大家，让学生阅读，分析对比。阅读之前，教师可以提出几个问题让学生思考，如：

① 你认为所读文章在语言、内容、格式等方面的可取之处有哪些？为什么？

② 所读文章哪些地方还需要进一步提高？

③ 你觉得你的作文和所读作文的共同点和不同点是什么？

……

这样，就会调动学生充分思考的积极性，取长补短，提高学生的认识水平。

（四）修改定稿

学生经过以上学习、讨论、分析、鉴赏以后，对该作文有了充分的了解和体会，对自己的作文也有了充分的认识。教师要组织学生趁热打铁修改自己的文章，将课堂上的认识心得付诸实践，这样能够使学生的写作水平迅速升华。

附录

标点符号的用法

(1995年12月13日·国家技术监督局·GB/T 15834—1995)

1. 范围

本标准规定了标点符号的名称、形式和用法。本标准对汉语书写规范有重要的辅助作用。本标准适用于汉语书面语。外语界和科技界也可参考使用。

2. 定义

本标准采用下列定义。

句子 sentence
前后都有停顿,并带有一定的句调,表示相对完整意义的语言单位。

陈述句 declarative sentence
用来说明事实的句子。

祈使句 imperative sentence
用来要求听话人做某件事情的句子。

疑问句 interrogative sentence
用来提出问题的句子。

感叹句 exclamatory sentence
用来抒发某种强烈感情的句子。

复句、分句 complex sentence, clause
意思上有密切联系的小句子组织在一起构成一个大句子。这样的大句子叫复句,复句中的每个小句子叫分句。

词语 expression

词和短语（词组）。词，即最小的能独立运用的语言单位。短语，即由两个或两个以上的词按一定的语法规则组成的表达一定意义的语言单位，也叫词组。

3. 基本规则

3.1 标点符号 是辅助文字记录语言的符号，是书面语的有机组成部分，用来表示停顿、语气以及词语的性质和作用。

3.2 常用的标点符号有 16 种，分点号和标号两大类。

点号的作用在于点断，主要表示说话时的停顿和语气。点号又分为句末点号和句内点号。句末点号用在句末，有句号、问号、叹号 3 种，表示句末的停顿，同时表示句子的语气。句内点号用在句内，有逗号、顿号、分号、冒号 4 种，表示句内的各种不同性质的停顿。

标号的作用在于标明，主要标明语句的性质和作用。常用的标号有 9 种，即：引号、括号、破折号、省略号、着重号、连接号、间隔号、书名号和专名号。

4. 用法说明

4.1 句号

4.1.1 句号的形式为"。"。句号还有一种形式，即一个小圆点"."，一般在科技文献中使用。

4.1.2 陈述句末尾的停顿，用句号。例如：
a）北京是中华人民共和国的首都。
b）虚心使人进步，骄傲使人落后。
c）亚洲地域广阔，跨寒、温、热三带，又因各地地形和距离海洋远近不同，气候复杂多样。

4.1.3 语气舒缓的祈使句末尾，也用句号。例如：
请您稍等一下。

4.2 问号

4.2.1 问号的形式为"？"。

4.2.2 疑问句末尾的停顿，用问号。例如：
a）你见过金丝猴吗？
b）他叫什么名字？
c）去好呢，还是不去好？

4.2.3 反问句的末尾，也用句号。例如：
a）难道你还不了解我吗？
b）你怎么能这么说呢？

4.3 叹号

4.3.1 叹号的形式为"！"。

4.3.2 感叹句末尾的停顿，用叹号。例如：
a）为祖国的繁荣昌盛而奋斗！
b）我多么想看看他老人家呀！

4.3.3 语气强烈的祈使句末尾，也用叹号。例如：
a）你给我出去！
b）停止射击！

4.3.4 语气强烈的反问句末尾，也用叹号。例如：
我哪里比得上他呀！

4.4 逗号

4.4.1 逗号的形式为"，"。

4.4.2 句子内部主语与谓语之间如需停顿，用逗号。例如：
我们看得见的星星，绝大多数是恒星。

4.4.3 句子内部动词与宾语之间如需停顿，用逗号。例如：
应该看到，科学需要一个人贡献出毕生的精力。

4.4.4 句子内部状语后边如需停顿，用逗号。例如：
对于这个城市，他并不陌生。

4.4.5 复句内各分句之间的停顿，除了有时要用分号外，都要用逗号。例如：
据说苏州园林有一百多处，我到过的不过十多处。

4.5 顿号

4.5.1 顿号的形式为"、"。

4.5.2 句子内部并列词语之间的停顿，用顿号。例如：
a）亚马孙河、尼罗河、密西西比河和长江是世界四大河流。
b）正方形是四边相等、四角均为直角的四边形。

4.6 分号

4.6.1 分号的形式为"；"。

4.6.2 复句内部并列分句之间的停顿，用分号。例如：
a）语言，人们用来抒情达意；文字，人们用来记言记事。
b）在长江上游，瞿塘峡像一道闸门，峡口险阻；巫峡像一条迂回曲折的画廊，每一曲，每一折，都像一幅绝好的风景画，神奇而秀美；西陵峡水势险恶，处处是急流，处处是险滩。

4.6.3 非并列关系（如转折关系、因果关系等）的多重复句，第一层的前后两部分之间，也用分号。例如：
我国年满18周岁的公民，不分民族、种族、性别、职业、家庭出身、宗教信仰、教育程度、财产状况、居住期限，都有选举权和被选举权；但是依照法律被剥夺政治权利的人除外。

4.6.4 分行列举的各项之间，也可以用分号。例如：
中华人民共和国的行政区域划分如下：
（一）全国分为省、自治区、直辖市；
（二）省、自治区分为自治州、县、自治县、市。
（三）县、自治县分为乡、民族乡、镇。

4.7 冒号

4.7.1 冒号的形式为":"。

4.7.2 用在称呼语后边,表示提起下文。例如:
同志们,朋友们:
现在开会了。……

4.7.3 用在"说、想、是、证明、宣布、指出、透露、例如、如下"等词语后边,表示提起下文。例如:
他十分惊讶地说:"啊,原来是你!"

4.7.4 用在总说性话语的后边,表示引起下文的分说。例如:
北京紫禁城有四座城门:午门、神武门、东华门和西华门。

4.7.5 用在需要解释的词语后边,表示引出解释或说明。例如:
外文图书展销会
日期:10月20日至11月10日
时间:上午8时至下午4时
地点:北京展览馆
主办单位:中国图书进出口总公司

4.7.6 总括性话语的前边,也可以用冒号,以总结前面。例如:
张华考上了北京大学,在化学系学习;李平进了中等技术学校,读机械制造专业;我在百货公司当售货员:我们都有光明的前途。

4.8 引号

4.8.1 引号的形式为双引号""和单引号''。

4.8.2 行文中直接引用的话,用引号标示。例如:
a) 爱因斯坦说:"想象力比知识更重要,因为知识是有限的,而想象力概括着世界上的一切,推动着进步,并且是知识进化的源泉。"
b) "满招损,谦受益"这句格言,流传到今天至少有两千年了。
c) 现代画家徐悲鸿笔下的马,正如有的评论家说的那样,"神形兼备,充满生机"。

4.8.3 需要着重论述的对象，用引号标示。例如：

古人对于写文章有个基本要求，叫做"有物有序"。"有物"就是要有内容，"有序"就是要有条理。

4.8.4 具有特殊含义的词语，也用引号标示。例如：

a）从山脚向上望，只见火把排成许多"之"字形，一直连到天上，跟星光接起来，分不出是火把还是星星。

b）这样的"聪明人"还是少一点好。

4.8.5 引号里面还要用引号时，外面一层用双引号，里面一层用单引号。例如：

他站起来问："老师，'有条不紊'的'紊'是什么意思？"

4.9 括号

4.9.1 括号常用的形式是圆括号"（）"。此外还有方括号"[ ]"、六角括号"〔〕"和方头括号"【】"。

4.9.2 行文中注释性的文字，用括号标明。注释句子里某种词语的，括注紧贴在被注释词语之后；注释整个句子的，括注放在句末标点之后。例如：

a）中国猿人（全名为"中国猿人北京种"，或简称"北京人"）在我国的发现，是对古人类学的一个重大贡献。

b）写研究性文章跟文学创作不同，不能摊开稿纸搞"即兴"。（其实文学创作也要有素养才能有"即兴"。）

4.10 破折号

4.10.1 破折号的形式为"——"。

4.10.2 行文中解释说明的语句，用破折号标明。例如：

a）迈进金黄色的大门，穿过宽阔的风门厅和衣帽厅，就到了大会堂建筑的枢纽部分——中央大厅。

b）为了全国人民——当然也包括自己在内——的幸福，我们每一个人都要兢兢业业，努力工作。

4.10.3 话题突然转变,用破折号标明。例如:

"今天好热啊!——你什么时候去上海?"张强对刚刚进门的小王说。

4.10.4 声音延长,象声词后用破折号。例如:

"呜——"火车开动了。

4.10.5 事项列举分承,各项之前用破折号。例如:

根据研究对象的不同,环境物理学分为以下五个分支学科:

——环境声学;

——环境光学;

——环境热学;

——环境电磁学;

——环境空气动力学。

4.11 省略号

4.11.1 省略号的形式为"……",六个小圆点,占两个字的位置。如果是整段文章或诗行的省略,可以使用十二个小圆点来表示。

4.11.2 引文的省略,用省略号标明。例如:

她轻轻地哼起了《摇篮曲》:"月儿明,风儿静,树叶儿遮窗棂啊……"

4.11.3 列举的省略,用省略号标明。例如:

在广州的花市上,牡丹、吊钟、水仙、梅花、菊花、山茶、墨兰……春秋冬三季的鲜花都挤在一起啦!

4.11.4 说话断断续续,可以用省略号标示。例如:

"我……对不起……大家,我……没有……完成……任务。"

4.12 着重号

4.12.1 着重号的形式为".。"

4.12.2 要求读者特别注意的字、词、句,用着重号标明。例如:

事业是干出来的,不是吹出来的。

4.13 连接号

4.13.1 连接号的形式为"—",占一个字的位置。连接号还有另外三种形式,即长横"——"(占两个字的长度)、半字线"-"(占半个字的位置)和波浪"～"(占一个字的位置)。

4.13.2 两个相关的名词构成一个意义单位,中间用连接号。例如:

a) 我国秦岭—淮河以北地区属于温带季风气候区,夏季高温多雨,冬季寒冷干燥。

b) 复方氯化钠注射液,也称任-洛二氏溶液(Ringer-Locke solution),用于医疗和哺乳动物生理学实验。

4.13.3 相关的时间、地点或数目之间用连接号,表示起止。例如:

a) 鲁迅(1881—1936)是中国现代伟大的文学家、思想家和革命家。原名周树人,字豫才,浙江绍兴人。

b) "北京——广州"直达快车

c) 梨园乡种植的巨峰葡萄今年已经进入了丰产期,亩产1,000公斤～1,500公斤。

4.13.4 相关的字母、阿拉伯数字等之间,用连接号,表示产品型号。例如:

在太平洋地区,除了已建成投入使用的HAW—4和TPC—3海底光缆之外,又有TPC—4海底光缆投入运营。

4.13.5 几个相关的项目表示递进式发展,中间用连接号。例如:

人类的发展可以分为古猿—猿人—古人—新人这四个阶段。

4.14 间隔号

4.14.1 间隔号的形式为"·"。

4.14.2 外国人和某些少数民族人名内各部分的分界,用间隔号标示。例如:

列奥纳多·达·芬奇

爱新觉罗·努尔哈赤

4.14.3 书名与篇(章、卷)名之间的分界,用间隔号标示。例如:

163

《中国大百科全书·物理学》
《三国志·蜀志·诸葛亮传》

4.15 书名号

4.15.1 书名号的形式为双书名号"《》"和单书名号"〈〉"。

4.15.2 书名、篇名、报纸名、刊物名等，用书名号标示。例如：
a）《红楼梦》的作者是曹雪芹。
b）你读过鲁迅的《孔乙己》吗？
c）他的文章在《人民日报》上发表了。
d）桌上放着一本《中国语文》。

4.15.3 书名号里边还要用书名号时，外面一层用双书名号，里边一层用单书名号。例如：
《〈中国工人〉发刊词》发表于1940年2月7日。

4.16 专名号

4.16.1 专名号的形式为"＿＿"。

4.16.2 人名、地名、朝代名等专名下面，用专名号标示。例如：
司马相如者，汉蜀郡成都人也，字长卿。

4.16.3 专名号只用在古籍或某些文史著作里面。为了跟专名号配合，这类著作里的书名号可以用波浪线"～～"。例如：
屈原放逐，乃赋离骚，左丘失明，厥有国语。

5. 标点符号的位置

5.1 句号、问号、叹号、逗号、顿号、分号和冒号一般占一个字的位置，居左偏下，不出现在一行之首。

5.2 引号、括号、书名号的前一半不出现在一行之末，后一半不出现在一行之首。

5.3 破折号和省略号都占两个字的位置,中间不能断开。连接号和间隔号一般占一个字的位置。这四种符号上下居中。

5.4 着重号、专名号和浪线式书名号标在字的下边,可以随字移行。

6. 竖排文稿与横排文稿使用标点符号的不同

6.1 句号、问号、叹号、逗号、顿号、分号和冒号放在字下偏右。

6.2 破折号、省略号、连接号和间隔号放在字下居中。

6.3 引号改用双引号"『』"和单引号"「」"。

6.4 着重号标在字的右侧,专名号和浪线式书名号标在字的左侧。

　　　　　　　　　　　本标准从 1996 年 6 月 1 日起实施。

参考文献

[1] 黄玉花. 韩国留学生的篇章偏误分析[J]. 中央民族大学学报(哲学社会科学版), 2005, (5).

[2] 金椿姬. 韩国学生中级漢語寫作问题产生原因及教学措施[J]. [韩]中國語文學論集, 第51號, 2008.

[3] 李运兴. 英汉语篇翻译[M]. 北京: 清华大学出版社, 2003.

[4] 刘晨诞. 教学篇章语言学[M]. 上海: 上海外语教育出版社, 1999.

[5] 吕效东. 基础汉语写作的基本训练方法[A]. 第三届国际汉语教学讨论会论文选[C], 北京语言学院出版社, 1990.

[6] 朴德俊. 对韩写作教学策略[A]. 第八届国际汉语教学讨论会论文选[C], 高等教育出版社, 2007.

第六章

汉语教师的课堂教学语言

　　课堂教学中，教师既是导演又是演员。教师在课堂上要进行组织、调度、协调、讲解等活动，以推动整个教学过程的有序开展。一般来讲，课堂上的活动要靠教师用语言去推动。因此，教师用什么样的语句，如何表达，什么时机表达等直接影响到课堂教学的效果。

　　跟一般课堂教学不同的是，在对外汉语教学过程中，汉语教师的课堂语言既是组织教学、完成教学任务的重要手段，也是对学生进行语言输入的重要途径和学生学习汉语口语的范本。从这个角度看，汉语教师的课堂语言作用更重要，地位更突出，要求更严格。

6 장
중국어 교수자의 교실 교육 언어

　교실 교육에서 교수자는 감독이자 연출자이다. 교사는 교실에서 조직, 조절, 협조, 강의, 설명 등을 진행하면서 전체 교육과정의 체계적인 전개를 이끌어낸다. 일반적으로 수업은 교사의 언어로 이끌어진다. 그러므로 교수자가 어떠한 문장으로 어떻게 표현하고 언제 표현하는 것은 수업의 효과에 직접적으로 영향을 미친다.
　제2 외국어로서 중국어를 교육 과정이 다른 일반적인 교실 교육과의 차이는 중국어 교수자의 교실언어가 교육을 조직하고 교육을 완성하는 중요한 임무이며, 학생에게 언어를 주입하는 중요한 통로이고 학생이 중국어를 학습하는 본보기가 된다는 점이다. 이러한 점에서 볼 때 중국어 교수자의 교실 언어는 중요한 역할을 하고 높은 위치를 차지하고 있으므로 더욱 엄격한 요구가 있다.

一、汉语教师课堂教学语言的特点

（一）策略性

汉语课堂上教师面对的对象是语言接受能力较低的学生，教师不能像给中国学生上课一样自由发挥，教师语言在语音、词汇、语法结构、语用文化等方面要受到很多的制约。因此汉语教师的课堂语言实际上是为了适应教学对象的实际情况而精心设计的语言，是自然语言的变体。这种语言变体是汉语教师采取的一种语言策略，通过这一策略，教师既要用规范的语言让学生接受，又要顺利地组织教学。表达简洁，要求明确，方法多样是其主要特征，从这一角度上讲，汉语教师课堂语言难度更大，不仅考验汉语教师的综合素质，还考验其驾驭语言的能力。

（二）规范性

尽管汉语教师课堂语言是一种自然语言的变体，但是"变"而不能失其精准，也就是说教师的语言不能以失去汉语的规范性为代价，因为课堂上教师的每句话都是学生学习和模仿的样本，因此汉语教师说出的每句话都要严格把关，务求准确。

首先，语音要标准。留学生的口语是否标准流利，跟汉语老师的发音有直接关系。汉语老师一定要避免口音，要做到发音准确、吐字清晰、语调优美、节奏鲜明。如果教师发音不标准就会误导学生。

其次，用语准确规范。汉语教师要使用规范的词语，除非特殊需要，课堂上不能使用俚语、土话，也不能刻意教授学生一些非规范词句。语法要标准，不能使用不规范的语法，如不正确的方言语法、流行言语语法等。有的汉语老师受方言影响，常在课堂上说"你们有做作业吗？"一类的句子，结果造成对学生的误导。

（三）示范性

正如前面强调的，汉语课堂上，教师所说的每一句话都是对学生目的语的有效输入，都具有学习和模仿价值。教师的发音特点、语气特征、用语习惯都会给学生带来潜移默化的影响，教师要巧妙地利用课堂语言的示范和引导作用，培养学生良好的发音习惯、准确的用词能力和标准的语法技能。

二、教师课堂语言的类型及使用

按照功能划分,汉语教师课堂语言可分为教学组织语言、知识讲授语言、课堂交流语言和教师反馈语言等。

(一)教学组织语言

教学组织语言是汉语教师为使课堂顺利进行而使用的特殊用语,包括问候、建议、要求、请求、说明、评论等。

1. **问候用语**　안부를 물을 때 사용하는 용어.

　①同学们好!　여러분 안녕하세요!
　②大家辛苦了!　여러분 수고하셨어요!
　③再见!　안녕히 계세요!

2. **要求建议用语**　요구, 건의를 할 때 사용하는 용어

　①请坐。　앉으세요.
　②请安静一下!　조용히 하세요!
　③请打开书,把书翻到第10页。　책을 펴서,10 페이지를 보세요.
　④请跟我读(说)。　따라 읽으세요. 따라서 말하세요.
　⑤请你念课文。　본문을 읽어보세요.
　⑥仔细听。　잘 들어보세요.
　⑦看黑板。　칠판을 보세요.
　⑧不要看书。　책을 보지 마세요.
　⑨请读一下儿(这个句子/这个词/这篇课文)。　읽어보세요.(문장을 읽어보세요/단어를 읽어보세요/본문을 읽어보세요)

⑩ 再说一遍（再读一遍）。 다시 한번 말해보세요. 다시 읽어보세요.

⑪ 背课文。 본문을 외우세요.

⑫ 回答我的问题。 문제를 답하세요.

⑬ 现在上课！ 수업을 시작하겠습니다！

⑭ 大家跟我说，注意发音和声调。 여러분 발음과 성조를 주위해서 저와 함께 읽어보세요.

⑮ 一起说（一起读），好吗？ 다 함께 말해볼까요？/ 함께 읽어볼까요？

⑯ 请说一个完整的句子。 완전한 문장을 말해보세요.

⑰ 注意声调。 성조를 주의하세요.

⑱ 请自己读一遍。 스스로 한번 읽어보세요.

⑲ 两个同学一起对话（表演对话）。 두 명씩 대화해 보세요/ 대화를 해 보세요.

⑳ 现在听写。 지금부터 받아쓰기를 하겠습니다.

㉑ 下一个。 다음.

㉒ 我们来玩儿个游戏。 게임을 해보아요.

㉓ 明天听写第一课的生词和句子。 내일 1과에 나온 단어와 문장을 받아쓰기를 할꺼예요.

㉔ 复习。/ 预习。/ 做作业。 복습 / 예습 / 숙제.

㉕ 下课！ 수업을 마쳤습니다！

3. 说明用语 설명을 나타낼 때 사용하는 용어

① 今天我们学习第11课。 오늘 11과를 공부하겠습니다.

② 上节课我们讲到…… 저번 시간에 우리가 배운……

③ 下面我们布置作业。 다음은 숙제를 내 드리겠습니다.

4. 组织、评论等用语 조직, 토론할때 사용하는 용어

① 哪位先说？说错没关系。 누가 먼저 말해볼까요？틀려도 괜찮습니다.

② 这个词（句子）怎么读（怎么写）？ 이 단어/문장(을)를 어떻게 읽지요/쓰지요？

③ 说得很好。/ 说得非常好。/ 回答得不错。 잘 대답했어요 / 아주 잘 대답

했어요 / 잘 대답했어요.
④说得不准确,你再想一想。 정확한 답이 아니네요, 다시 생각해 보세요.
⑤回答得不对。 틀린 답입니다 / 틀렸습니다.

  教师在使用课堂组织语言时一定要明确、得当、有力,让学生能够按照教师的意图准确地完成步骤。对汉语水平低的班级尤其是零起点的学生,上第一堂课时,要首先介绍课堂用语,可以翻译成韩语让学生领会,以后上课时循序渐进地用汉语组织课堂教学,一般一两个星期学生就会适应教师汉语课堂组织语言。

(二)知识讲授语言

  知识讲授语言就是教师展示或讲解语音、词汇、汉字、语法、语篇、文化、练习等教学内容时使用的语言,是学生接受汉语训练、掌握汉语知识的主要途径。汉语教师要根据学生的水平,用学生可接受的语句简洁、准确地展示和讲解。

  汉语教学对知识的传授不同于对母语学生一般的知识传授。汉语教学以提高学生汉语的听说读写能力为目标,对语音知识、词汇知识、语法知识、文字知识等以使学生理解为原则,一般不要求学生对术语、理论的掌握。因此汉语教师在讲授时,以展示为主,讲解为辅,常常通过各种手段将知识展示给学生,使学生理解,如可以通过例子、实物等展示,忌讳使用过多的术语讲解。

  如我们讲助词"所"的用法,教材①中解释其用法为:用在及物动词前,组成"所+动词"短语。该短语作用相当于一个名词,常常用作名词的定语,或直接加"的",形成"的"字结构。多用于书面。

  如果我们将这些语言原原本本地说给初中级水平学生,学生肯定一头雾水。因为这里面有许多术语"及物动词"、"短语"、"定语"等以及较难词汇"作用"、"相当于"、"直接"等。最好的办法就是展示一些例子、练习,让学生理解掌握。

  如可以通过一些转换练习:

---

① 选自《博雅汉语•准中级加速篇Ⅰ》,北京大学出版社,2004年9月第1版。

① 我喜欢的老师 → 我所喜欢的老师 → 我所喜欢的

我喜欢的老师是王老师。
↓
我所喜欢的老师是王老师。
↓
我所喜欢的是王老师。

② 大家问的问题 → 大家所问的问题 → 大家所问的

大家问的问题老师都回答了。
↓
大家所问的问题老师都回答了。
↓
大家所问的老师都回答了。

……

在大家对这些练习熟悉了以后,再根据学生的情况辅助讲解,如常用于书面语等等。这种方法既能让学生很快理解和掌握"所"的用法,又使学生练习了汉语。

对生词或汉字的解释也要避免直接采用词典语言释义,如初级水平学生学习"哭",我们不能照搬词典释义:"因痛苦悲哀或感情激动而流泪,有时候还发出声音。"这样只能让学生更糊涂。我们直接用身体语言演示或图片、例句展示就可以了。如用例句伴以身体语言:"听说妈妈病了,她哭了(教师做"哭"的动作)。"

教师要充分了解学生的汉语水平,对学生掌握的词汇、语法等要心中有数,讲授知识时要用学生能够理解的词语和句子,同时注意精讲多练,不可让讲解占用大部分课堂时间。

此外,讲解时教师要注意语气、语调和语速,可以根据情况进行适当夸张、强调和重复,以吸引学生的注意力,保证教学效果。尤其是对初级水平的学生来讲,更应该是这样。

(三) 课堂交流语言

课堂交流语言是指汉语课堂上教师跟学生通过提问和回答进行互动的语言。课堂上教师是主导,学生是主体,教师要传授教学内容、跟踪学生的接受情况、及时得到反馈信息,这一切主要通过教师提问去启动,因而教师提问的质量是决定这一过程成功与否的关键。下面主要谈一谈有关教师课堂提问的问题。

关于课堂提问，已有不少研究。Long & Sato（1983）把课堂提问的问题分为回声性问题（echoic questions）和认识性问题（epistemic questions）。回声性问题指教师通过提问来确认学生是否已准确把握教学要点，具有理解核实、澄清核实和确认核实的功能。认识性问题可以分为参考性问题（referential questions）、展示性问题（display questions）、表达性问题（expressive questions）和反问性问题（rhetorical questions），其功能是用来获取信息。这几类问题中，展示性问题和参考性问题的概念得到了更多人的接受。

展示性问题是一种封闭性的问题，教师已经知道问题的答案，不需要学生任意发挥，教师提问的目的是进行语言训练，例如："'安全'的反义词是什么？"参考性问题则是一种开放性的问题，一般没有确定的答案，需要学生自由发挥。如"你认为学习汉语最有效的方法是什么？"等。下面我们就课堂提问的一些主要问题介绍一下。

1. 问题的设计

精心设计问题是保证提问有效、推动课堂活动顺利进行的关键。有的新手教师不懂提问的技巧，常常问一些大而不当、不着边际或学生无从回答的问题，造成课堂气氛尴尬，影响课堂效果。如有的新手教师在讲生词"毛衣"时，问学生："什么是'毛衣'？"学生当然无法用汉语回答，教师很尴尬，看没有学生回答，于是自己代答"毛衣就是用动物的毛织成的衣服"，学生听了这样的解释更是丈二和尚摸不着头脑。以上的课堂交流属于无效的交流，教师提这样的问题不仅耽误课堂时间，影响课堂气氛，而且打击学生学习汉语的信心。教师设计问题时应注意以下几个方面：

（1）把握教学重点

课堂提问具有提示教学重点，提醒学生注意，督促学生思考，锻炼学生语言表达的功用。不过，课堂教学要讲究效率，课堂提问一定要围绕教学重点，有的放矢，而不能随心所欲、盲目任意。因此教师课前要认真研究教学内容，明确教学目标，确定教学重点，根据教学重点设计问题。

课型不同、教学目标不同，教学重点就不同，那么提问的目标、提问的技巧、问题的类型就不尽相同，如阅读课以展示型的问题居多，会话课以参考性的问题居多；教学阶段不同，教学重点也不同，问题也就不相同，如导入新课时，问一些背景性的或预测性的问题;知识讲解时问一些启发性的问题或关联性的问题;复习时问一些归纳总结性的问题等;具体到某个教学环节上,提问也有区别,比如在课文阅读教学时,应该根据课文的内容重点、难点、语言点等去确定问题,对一些枝节内容、学生能够理解的内容,教师一般不提出问题要求学生回答。

(2)认真规划提问

教师在确定了教学重点、难点以后,要根据这些重点和难点来规划问题。比如,这堂课的生词部分要问几个问题?课文部分要问几个问题?如何去问?什么时机问?这些问题考查学生什么?学生能否回答?学生可能怎么回答?如果学生不能按照预想的回答如何补救?这些问题如何跟课堂其他环节衔接?等等。

此外还要根据学生的情况和学生的接受能力来规划问题。教师要事先对学生学习生活等各方面情况有深入的了解,提问时才能有的放矢。

如教师设计"对……感兴趣/不感兴趣"的讲授策略——先从学生已知词语"喜欢"导入。很多学生知道跆拳道,可以问:"你/你们喜欢跆拳道吗?"学生可能回答:"我喜欢/不喜欢跆拳道。"然后教师就顺理成章地跟学生一起导出"我对跆拳道感兴趣/不感兴趣"。教学达到了预期目的。如果教师对学生情况不了解,盲目问:"你/你们喜欢打麻将吗?"可能学生会反问:"什么是麻将?"教师再回头来解释"麻将",不仅浪费了时间,而且还打乱了教学秩序。

规划问题要考虑学生的语言水平。初中级汉语水平的学生掌握的词汇、语法、句型有限,教师要在学生可接受的范围内设计句子,设计的句子一般不要太长、太难,不能超出学生的汉语能力,否则就会造成教学延宕。如有的老师在讲《去邮局》课文时,对初级水平学生问这样的问题:

> "你觉得信寄不出去的原因是由于贴少了邮票还是由于写错了地址,或者是别的原因?"

这样的问题有几个方面值得商榷:一是句子太长,学生思维有可能跟不上,从而造成学生焦虑,导致放弃思考和回答;二是学生可能采取回避策略,仅就某个听懂的片段回答,掩饰自己的缺陷;三是问题本身已提供了参考信息,学生只要截取问题中的短语就可以搪塞老师;四是学生即便能回答,说的也可能比教师少,如学生可能回答"写错了地址",这样达不到语言训练的目的。

因此,问题可以改为:

"你觉得信为什么寄不出去?"

(3) 精心设计提问

教师给学生的问句一般有是非疑问句、正反疑问句、选择疑问句、特指疑问句等,有时还会使用祈使句等。

不过一般说来,教师不要简单使用是非疑问句、正反疑问句和选择疑问句。因为课堂师生交流的根本目的还是让学生通过互动达到练习语言的目的,教师要尽量让学生多说。是非疑问句常常是教师说得多,学生简单回答就行,如:"你喜欢游泳吗?——喜欢/不喜欢。"正反疑问句和选择疑问句本身已经带有答案的信息,学生有时不管听懂与否,不用思索就能回答其中的一部分,达不到预想的目的。如教师问:"你喜欢不喜欢四川菜?——喜欢/不喜欢;你喜欢北京还是喜欢上海?——上海。"这种情况下教师最好追加问题,让学生说明原因,如:"你喜欢北京还是喜欢上海?为什么?"这样就会督促学生思考并锻炼生成句子的能力。

特指问句一般带有特指疑问词像"谁"、"谁的"、"什么"、"哪个"、"哪儿"、"多少"、"几"、"多"、"怎么"、"怎么样"、"为什么"等。教师在用特指问句的时候要鼓励学生说完整的句子,增加句子的长度,达到锻炼的目的。如:"谁喜欢北京烤鸭?"鼓励学生回答完整句子"我喜欢北京烤鸭",而不是仅回答"我"。

需要再次强调的是,为了增加学生语言练习的时间和机会,教师的问句要尽可能简洁,尽力让学生说得多一些,切忌相反。如讲课文《我无怨无悔》(《桥梁——实用汉语中级教程》(下)陈灼主编,北京语言大学出版社,1996),有的教师问这样的问题:

在《我无怨无悔》中,作者是怎样通过对科马洛夫的飞船即将着陆到无法正常着陆时的心情的刻画来反映全国人民的心情的?

这样的问题学生不易理解,难以作答。有的时候学生理解了,回答的倒比问题简单。这样的问题不如分成几个小问题,让学生分阶段完成更好,如:

① 当时科马洛夫的飞船状态怎么样?
② 那时科马洛夫的心情怎么样?
③ 那时全国人民的心情怎么样?
④ 作者是怎样反映全国人民的心情的?

2. 问题的分配

课堂上如何分配这些问题,这也涉及教师上课提问时的技巧。关于分配问题的方式,一般有指定提问、逐个提问和全体提问等。

指定提问指教师打乱座位或学号等顺序,采取现场点名的方式,临时指定学生回答。其优点是,可以让每个学生都感觉到有被提问的可能,促使其注意力高度集中,共同参与到课堂活动中来。逐个提问指按照既定顺序安排学生轮流回答,这种方式可以使学生有预先心理准备,不至于因临时被提名而感到紧张。全体提问指教师让所有学生共同回答,一般有明确答案或教师认为学生的意见无差异时采用。

采取什么方式分配问题,要视情况而定。有的教师整节课采用按既定顺序逐个提问的方式,我们认为除非特殊需要,一般不予提倡。因为这种方式常产生以下几个问题:首先,没有考虑到学生汉语水平、认知能力等差异,可能这个学生汉语水平不高,而碰到的问题太难,不能回答,从而挫伤了学生的积极性和自尊心;也可能那个学生水平较高,碰到的问题太容易,不能发挥该学生的水平。其次,按照既定顺序提问时,学生可以预知下一个被提问的对象,容易造成轮着的学生紧张,其他学生放松的局面,影响所有学生的积极参与。实践证明,整个课堂只采用逐个提问的方式,效果并不理想。

汉语课堂讲究机会平等,不使每个学生掉队。教师提问应照顾学生个体差异,在问题难度上要形成层次和梯度。课前就要将问题分成难、中、易多个层次,难度大的问题让程度好又自愿回答的学生完成,难度较低的问题留给程度不高的学生。一些有固定答案的问题,可以让大家一起回答。这样,难易搭配,张弛相间,既能够照顾到个体差异,又能让所有的学生都有锻炼的机会。对一些内向、羞怯或程度较低的学生要多鼓励和引导,让他们感受到教师对其的关怀和信任。对一些外向、表现欲强的学生,教师可适当控制,不使其唱独角戏,从而影响课堂活动的均衡推进。如有的学生活泼好动,不断抢答,教师可以善意提醒:"你已经回答了刚才的问题,很好,我们把机会让给别的同学,好不好?"总之,教师既要激发、尊重学生的参与热情,又要注意调节好课堂秩序。

需要提醒的是,虽然教师上课时注意学生的个体差异,但提问时要面向全班。一般来说,除非特殊情况,教师尽量少为某个或某类学生单独设置问题,如:"星期天你/你们跟谁去教堂?""有男朋友的同学你们觉得恋爱幸福吗?"也不能在提较难的问题时,习惯性地将目光投向程度好的学生;而提容易的问题时,目光自然投向程度稍差的学生,因为这些做法会挫伤一些学生的参与热情,甚至伤害他们的自尊心,教师在提问时要将目光覆盖整个班级,使大家都参与准备。

3. 回答的引导

教师提问的目的是为了获取学生反馈,在此基础上推动后续环节的进行。一般来说,教师充分掌握了学生的汉语水平和基本情况后,针对教学重点提出的问题,能够得到积极的反馈。不过有时也并非完全如愿,因此,教师提问后,还要引导学生回答。

一般来说学生不能做出回答的情况有三种:一是没有听懂问题,二是不知如何回答,三是出于羞怯或某种心理原因不想回答。对于学生没有听懂的问题,教师要放慢速度,再重复一遍。如发现学生不明白问题,可以简化词句,或者进行解释。有的时候学生对问题不知如何回答,教师可以给予适当的提示,必要时给一个示范,让学生模仿。对于第三种情况,教师要及时捕捉学生的心理变化,设法解除学生的顾虑,热情鼓励学生积极参与。

教师提问后要给学生适当的思考时间,要等大多数学生有了较为成熟的想法以后再让学生回答,不要频频催促学生"谁知道"、"谁来回答"、"知道的请举手"、"快点儿"等。

关于教师等待的时间一般要考虑问题的难易程度、学生的水平,较难的问题多等一些时间,容易的问题少等一些时间。从课堂实践经验来看,一般等3~5秒为宜。如果给的思考时间太长,会造成学生思维懒惰,节奏松散,影响课堂效率;给的时间太短,不利于学生思考,从而影响回答质量。

(四)教师的反馈语言

教师的反馈语言是指教师在学生参与教学活动时或完成任务后对其表现进行

的评价,可分为肯定反馈、否定反馈和迂回反馈等。

肯定反馈是教师对学生的表现给予积极的评价,而否定反馈是教师对学生的表现予以消极评价甚至批评等。

在汉语教学中,教师对学生要以鼓励为主。学生在教学活动中正确回答问题或有良好表现时,教师要给予充分的表扬、肯定。教师要发自内心地欣赏学生的进步,而不是敷衍了事。要注意表扬的分寸,如"说得/做得不错、很好、非常好","你完成得棒极了"等,不能无论结果怎样都是一种方式"很好、很好"。对有些水平不高或性格内向的学生,教师要抓住机会对他们的临时表现予以鼓励:"试一试,说错了没关系!"激发他们的参与热情。

除非学生有过分的课堂行为,如扰乱教学秩序、违反课堂纪律等,一般来说教师不直接否定学生或批评学生学习上的错误,更不能挖苦学生。如"你说得不对"、"完全错了"、"我不是说过了吗,怎么还不会"等。教师一般应对学生错误的回答或不正确的表现采取迂回的办法予以纠正和指导。如果学生回答问题错了,教师先不要直接指出,要给学生一些线索、提示,耐心地引导启发学生:"对吗?你再想一想……",如果学生确实不能得出正确答案,教师可以告诉他/她或让别的学生告诉他/她。有的时候,学生犯了错误,教师可以迂回提醒,如学生说了"我昨天见面了我的朋友"这样的句子,教师可以用正确的句子提醒"你昨天跟谁见面"这时学生可能会马上意识到自己的问题所在而迅速地纠正。这种方法比直接纠正更容易让学生接受。对于一些回答不完整的问题,教师可指定学生予以补充,然后教师根据情况进行修止。

应该注意的是,对待学生的错误教师不必频繁打断学生,每错必纠,否则就会挫伤学生;教师可针对突出普遍的问题,选择一定时机进行集中纠正。

下面集中谈一下有关纠错的问题:

1)什么错不纠

(1)学生偶尔的失误。

(2)学生自己已经意识到的错误。

(3)非主要错误,并且学生能够通过汉语水平的提高自己纠正的错误,如某些学生短期难以克服的发音偏误。

2)什么错要纠

(1)学生常犯的带有普遍性和规律性的错误。韩国学生的副词用法偏误,如"都我们不能出去玩儿";词汇用法偏误,如"爸爸对中国很有感兴趣",以及一些韩国学生普遍存在的语音、汉字等方面的问题。

(2)新近学习的重点知识错误。刚刚学习过的语音、词汇、语法等知识,由于学生记忆不深,掌握不牢,容易出现错误,这时教师要及时纠正,以加深学生的印象。

(3)影响交际的错误。有的时候,学生输出的句子别人无法理解或容易引起人们的误解,其原因或者由于语音问题,或者由于词汇语法等问题,这个时候,教师要择机纠正,否则就会影响交际的进行。比如一些发音不准、用词不当或语法不通而引起难解或误解的错误。如"我对妈妈的爱情很深"。

3)什么时候纠

要根据问题的大小和实际情况,选择合适的时机纠错。可以等学生发言结束后纠正,也可以等这个课堂主题结束后集中纠正,或者在一个阶段后进行纠正。

不要见错就纠、每错必究,不断打断学生,挫伤学生的积极性。当然也不能将问题拖得太久才纠,因为时间久了学生有可能忘记了所犯错误。

4)由谁来纠

首选是让学生自己意识到错误,自己来改正;其次是让班上其他学生帮助纠正;如果班上的同学不能提供正确的答案时,再由教师纠正。这样可以调动学生的积极性,增强学生的辨别能力。

5)怎样纠错

教师在纠错时,不一定直接告诉学生正确的用法,可以采用启发引导法,比如换一个问题方式让学生理解,给学生提供不同的答案让学生辨别选择,提供例句让学生模仿,提供词汇让学生修正等。总之纠错一定要使学生深刻掌握,务求一劳永逸。

注意纠错时,要策略灵活,照顾学生的个体差异。有的学生基础不好,针对其纠错就要多启发,多引导;有的学生基础好,就可以简化过程;还要注意照顾学生的个性,有的学生敏感内向,就要多用迂回的方式纠错;有的学生开朗,可以适当采用直接方式指出不当。

(五)身体语言

身体语言是指通过人的表情变化、肢体动作、身体姿势以及体位变化传递信息的一种符号系统，它对有声语言的表达起辅助作用。身体语言既可以表达人类语言难以表达的感情和态度，又可以部分代替有声语言，发挥独立表达功能。在课堂教学中，教师身体语言具有独到功能。

1. 教学组织手段

课堂上教师可以通过身体语言辅助调度课堂活动，指挥学生完成任务。这一点对初级班教学很重要，如教师说："合上书！"同时做出合书的动作；教师轻轻点击黑板，同时说："看黑板！"有这些身体语言，学生能够很快明白老师的意图，进行指定的活动。

2. 信息沟通手段

教师采用恰当而明确的身体语言可以起到沟通信息、表达情感和态度的作用。比如课堂上教师端庄、大方、亲切的举止，会增强学生对老师的信任，教师热情的眼神、友善的表情、微笑的神态，可以让学生精神愉悦，增加学习的信心。在教学活动中教师用点头表示对学生的肯定，用鼓掌表示对学生的祝贺和鼓励，用轻轻摇头表示不同意……有的时候，身体语言跟口头语言比起来传递信息更加准确和有效，教师适当使用这些身体语言会营造出严谨、和谐、宽松的课堂氛围，有助于课堂教学的顺利进行。

3. 课堂教授手段

由于学生语言水平的限制，在课堂上讲解语音、词汇、语法等知识和内容，教师像给中国学生一样解释是不行的，有的时候解释得越多，学生越糊涂，借助于身体语言可以起到事半功倍的作用。比如我们讲解语音发音要领，光靠有声语言描述不能解决问题，教师亲自用手和发音器官演示效果更为明显。

讲授也可以借助身体语言，如讲生词"掏"，词典上解释：

> 用手或工具伸进物体的口，把东西弄出来。（《现代汉语词典》第5版第4330页）

如果将这些原原本本地解释给学生，学生肯定不能理解。如果在课堂上找来一个书包，边从里边掏出书，边领着学生说"我掏书"、"我掏出书来"、"我从书包里掏出书来"一类的句子,学生不仅明白了"掏"的意思,而且学会了这个词的用法。

学习短语"向左拐、向右拐",单靠老师讲解的话,学生没有印象,如果老师现场演示向左向右走走的话,学生会马上理解。

因此,有时教师借助身体语言讲授知识,会更加简洁明了,"此时无声胜有声"。

需要注意的是,使用身体语言要规范化,要便于学生准确理解和执行。还要注意身体语言一定要大方、得体,不可搔首弄姿、矫揉造作。另外,身体语言在教学中只是一种辅助手段,不能滥用,否则不但影响教学,还会引起学生的反感。

三、教师课堂语言应注意的问题

教师课堂语言使用得恰当得体与否，直接反映教师的教学功底，影响课堂教学效果。下面我们谈一谈教师使用课堂语言的几个忌讳。

1. 口头语

教师使用课堂语言要简洁精练，不能拖泥带水。有的教师将平时说话的口头语带到课堂上，如"是吧，是吧……"、"这个、这个……"、"就是说，就是说……"等。教师在上课时应注意控制自己，否则就会给学生带来不良影响。

2. 不明确的语言

课堂语言要明确，学生才能按照教师的指令完成任务，理解所学的知识。有的时候教师的语言不准确简洁，学生就可能产生误解。

3. 不规范的语言

教师语言不仅是组织教学，传授知识，而且是学生模仿的范本。前面我们强调过，教师不能把不规范的俚语、方言、流行语带到课堂上，如有的年轻教师动不动就"哇噻"、"超/巨棒哎！……"这些表达还没有进入全民共同语，是否可以作为课堂语言值得商榷。

4. 啰唆的语言

汉语教学的基本原则是"精讲多练"，有时教师的解释不够精当，啰里啰唆，占用了过多的课堂时间。还有的教师在自己感兴趣的话题上把持话语权，无视学生的存在，滔滔不绝，剥夺了学生的练习机会。

5. 不当的语言

有的时候，教师的语言过难，或提出的问题太笼统、抽象、跳跃性过大，使学生无从理解或回答。也有时，教师提出的问题过于简单，学生不屑于回答。此外还有的教师不了解学生的生活，不能把握学生的兴趣所在，语言俗套，不能引起学生的兴趣；或者教师不能把握课堂的话语主动权，不能给学生均等的机会，而任由某个学生漫无边际地占用课堂时间。

6. 强迫性的语言

教师在课堂上跟学生交流要亲切从容，讲授知识要给学生思考消化的时间，不能逼迫学生，造成课堂气氛紧张。如有的教师讲完内容后不断催促学生："明白了吗？""懂不懂？""谁不明白，请举手！""还不明白呀？"这样非常不利于教学。

7. 夸张的语言

教师对学生的评价要客观，不能过分夸张，不能动不动就"非常好"、"棒极了"，这样不利于学生正确认识自己的水平，而且天长日久学生会麻木甚至反感。

8. 挖苦的语言

语言教学以鼓励为主，慎用批评，即便教师不满意学生的语言表现也不能斥责挖苦，如："怎么还不明白？我不是说过了吗？""这个问题我讲过三次了！"等，这样会影响学生的心情，打击学生的积极性，进而使学生放弃跟老师的互动与合作。

9. 重复学生错误

学生说出了错误的语句，教师不要重复，因为教师的语言是学生学习的范本，重复错误的句子等于给学生传递了错误的信息，加深了对错误语句的印象。此外，教师重复学生的错误会刺伤学生的自尊心，影响学生的学习积极性。

10. 自言自语

教师课堂上每句话都要面向学生，落到实处。有的老师问学生问题不等学生回答，或问的问题不当，学生无法回答，就自己说出答案。如："什么是毛衣？哦，毛衣就是用毛线织成的衣服，是不是？"这样就失去了提问的效果，排除了学生的参与，教师唱起了独角戏。

11. 不当的身体语言

身体语言要紧紧围绕课堂，适当而有节，要尽力控制与教学无关的身体语言，如有的教师的一些打哈欠、抓头发、揉眼睛以及挤眉弄眼等习惯动作。身体语言要大方得体，要照顾学生的接受习惯。如果教师在课堂上用不得当的身体语言，会造成气氛的尴尬，甚至影响教师在学生心目中的形象。

附录

在韩汉语教师应注意的礼仪问题

韩国社会深受儒家思想影响，非常注重礼仪。在韩国，教师是一个崇高的职业，受到人们的普遍尊重。韩国社会对教师各方面的要求很高，作为教师，要为人师表。

一、课堂内应注意的礼仪问题

1. 教师的着装

孔子说过："君子不可以不学，见人不可以不饰。不饰无貌，无貌不敬，不敬无礼，无礼不立。"韩国社会常常通过人的衣着外貌判断其品味素质，作为教师一定要穿着讲究、注重仪表。

教师穿着得当与否会直接影响到授课效果。教师一走进课堂，自然成了学生关注的焦点。学生首先审视教师的形象，教师得体整洁的衣着、庄重优雅的举止、亲切热情的表情、幽默睿智的语言，都能收到较好的教学效果，便于建立良好的师生关系。

在韩国课堂上教师一定要穿正装，服装必须合身，袖长至手腕，裤长至脚面，裙长过膝盖，内衣不能外露；衬衫的领围以插入一指大小为宜，裤裙的腰围以插入五指为宜。不要挽袖、卷裤，要扣好衣扣，不能漏扣、掉扣；领带、飘带要佩戴端正，与衬衫领口吻合紧凑。

男教师穿着以西装为宜，西装必须合体。西装应该选择比较高档的面料，要挺括、舒软、有弹性。色彩上以中、冷色调为好，显得典雅、干练。图案一般选择无图案或隐形竖条的，不宜穿大花纹或花格子的西装。衣裤要清洁，无污垢、无油渍、无异味，领口与袖口要保持干净。衣裤不要起皱，做到上衣平整、裤线笔挺。领带系带要规范，领带的颜色、图案要与西服、衬衣协调。冬天韩国公共场所暖气比较充足，韩国男人一般不穿秋裤等内衣。穿西服时，内衣不宜太臃肿，外出可加穿大衣。

女教师的服装应优雅、简约、大方，可偏向时装，颜色和样式可稍有变化，可着套装。

教师皮鞋要光亮，男教师胡须要干净；女教师可略施淡妆，佩戴合适的首饰。

2. 教师的行为

做到儒雅、庄重、大方、得体、自然。

（1）站姿自然

教师讲课时，应垂直站立，两腿自然分开；需要在讲台上走动时，步幅不宜过小、过大或过急；要挺胸抬头，不要耸肩或过于昂头，手自然垂下或自然活动。

（2）目光要亲和

上课时，教师的视幅应覆盖每一个学生，目光要亲切、有神，给人以平和、亲近、稳重之感。上课时不能对学生投以鄙夷或不屑的目光。

（3）手势要得体

讲课时，手势要适度、适时、得体，严禁敲击讲台或做其他过分动作。

（4）书写要规范

粉笔字书写要正确、规范、工整、美观、大方。

（5）注意事项

每天要洗澡，不能出现头皮屑；饭后要刷牙，不能酒后上课；严禁在课堂上吸烟、随地吐痰、掏耳朵、挖鼻孔等。

二、课堂外应注意的礼仪问题

1. 言谈

要注意教师身份，要文明礼貌，要有文化素养，不能伤害韩国朋友的自尊。要顾全大局，不能有大国沙文倾向，不说不利于两国友好及政治敏感的话题。

2. 社交

1）见面

在社交礼仪上要尊重韩国的文化风俗。韩国人崇尚儒家文化，尊敬长者，长者进屋时大家都要起立，在长者面前要摘掉墨镜。韩国人初次见面时，经常交换名片。一般见面鞠躬，鞠躬要真诚，不能点头敷衍。在称呼上多使用敬语和尊称，不要直呼其名。要是对方在社会上有地位头衔，一般称呼头衔。

在晚辈、下属与长辈、上级握手时，后者伸出手来之后，前者须先以右手握手，随手再将自己的左手轻置于后者的右手之上。一般情况下，女子不和男子握手（除非女子是长者），以鞠躬为常见礼仪。

2）餐饮

吃饭时，不宜大声喧哗，不能用筷子指点别人；要等长者先动筷子再吃。吃东西时，不能端起饭碗，咀嚼响声不能太大，用餐完毕后要将筷子整齐地放在餐桌上。

敬酒时，先喝干自己杯中的酒，将自己的酒杯双手递给对方，然后双手或一手倒酒一手放在自己的胸口上给对方倒满酒。对方给自己倒酒时，要双手接酒或一手接酒一手放在自己的胸口上以示尊敬。

如果被邀请去韩国人家里做客，要准备一份小礼物，用双手奉上。进屋时，要把鞋子脱在门口，袜子一定要完整、干净。

在韩国人家里吃饭时，宾主一般都是围坐在矮方桌周围，盘腿席地而坐。在这种情况下，切勿用手摸脚，或伸直双腿，或双腿叉开。在韩国人家吃饭的时候要尽量多吃，吃得越多，主人越有面子。

3）其他

在韩国，公共场所不要大声说笑。妇女十分尊重男子，双方见面的时候，女性总会先向男性行鞠躬礼，致意问候。男女同座的时候，往往也是男性在上座，女性在下座。

韩国人用双手接礼物，不当着客人的面打开。在赠送韩国人礼品时，韩国男性多喜欢名牌纺织品、领带、酒等。女性喜欢化妆品、提包、围巾类物品和厨房里用的调料。孩子则喜欢食品。如果送钱，应放在信封内。

韩国人珍爱白色。木槿花是国花，松树是国树，喜鹊是国鸟，老虎是国兽。忌讳数字"4"和"13"。

韩国人的民族自尊心很强，人们十分敬重国旗、国歌、国花。播放国歌时，必须起立。外国人如表现怠慢，常引起反感。在韩国人面前，不要把"首尔"说成"汉城"等。

参考文献

[1] 白朝霞. 对外汉语教学初级阶段课堂语言刍议 [J]. 当代教育科学, 2005, (1).

[2] 关春芳. 对外汉语教师课堂用语浅论 [J]. 东北财经大学学报, 2009, (3).

[3] 康 红. 论设置课堂提问的"八性"原则 [J]. 湖北教育学院学报, 2004, (4).

[4] 匡腊英. 对外汉语教学中的课堂提问策略 [J]. 现代语文, 2008, (11).

[5] 荣继华. 初级对外汉语课堂提问策略探讨 [J]. 中国青年政治学院学报, 2009, (2).

[6] 于 龙 于全娟. 课堂提问在第二语言习得中的作用 [J]. 山东外语教学, 2005, (4).

[7] Long, M.&C.Sato. *Methodological Issues in Interlanguage Studies: An Interactionist Perspective*, 1983.

附录　韩国部分大学汉语课开设情况

一、韩国梨花女子大学 汉语汉文化专业 教学课程

课程分类	时间		科目编号	科目名称	时间	学分
	学年	学期				
学士学位课程科目	1	1	35217	现代中国的理解	3	3
	1	2	35216	中国文化的理解	3	3
	2	1	35212	汉语听力练习Ⅰ	3	3
	2	1	34391	汉语会话Ⅰ	3	3
	2	1	36825	汉语阅读Ⅰ	3	3
	2	1	35214	汉语言与文字	3	3
	2	1	36826	中国古典的理解	3	3
	2	2	35213	汉语听力练习Ⅱ	3	3
	2	2	36130	汉语会话Ⅱ	3	3
	2	2	36827	汉语阅读Ⅱ	3	3
	2	2	20055	中国文学入门	3	3
	2	2	36131	中国现代大众文化	3	3
	3	1	33217	实用汉语会话Ⅰ	3	3
	3	1	34394	汉语语法	3	3
	3	1	33591	中国文学史Ⅰ	3	3
	3	1	33593	中国古典诗歌	3	3
	3	1	35221	中国传统小说	3	3
	3	2	35220	实用汉语会话Ⅱ	3	3
	3	2	36132	汉语作文	3	3
	3	2	33595	中国文学史Ⅱ	3	3
	3	2	33598	中国诗歌艺术	3	3
	3	2	35219	中国现代文学作品选读	3	3

续表

课程分类	时间		科目编号	科目名称	时间	学分
	学年	学期				
	4	1	35223	中国现代文学史	3	3
	4	1	36165	汉语口译翻译练习	3	3
	4	1	20046	汉语研究专题	3	3
	4	1	35224	诗经和楚辞	3	3
	4	1	35228	中国戏曲	3	3
	4	1	36828	论中国现代作家	3	3
	4	2	36499	中国通俗小说	3	3
	4	2	35222	中国神话的世界	3	3
	4	2	34396	汉语学特别讲座	3	3
	4	2	30153	汉语实事评论	3	3
	4	2	33589	中国名著讲读	3	3
	4	2	35225	中国文学批评	3	3
	季节学期		35760	汉语实习Ⅰ		2
			35761	汉语实习Ⅱ		2
硕士学位课程连接科目		1	G11850	文选研究	3	3
		1	G11851	唐诗研究	3	3
		1	G11856	中国神话研究	3	3
		1	G11859	中国文化思想史	3	3
		2	G11929	中国学术史	3	3

二、全北大学

1. 教养科目

初级汉语、中国游记和文化、实用汉字和成语、生活汉语、中国文化和人物

2. 本科科目

专业	科目名称
专业必修课	初级汉语会话
	中国古代文学史
	中国中世纪文学史
	中国近代文学史
	中国现代文学史
	高级汉语1

续表

专业	科目名称
副专业必修课	中国古代文化史
	中国现代文化史
	中级汉语2
复专业必修课（2个专业以上）	初级汉语会话
	中国古代文学史1
	中国中世纪文学史
	中国近代文学史
	中国现代文学史
	高级汉语1
教育专业	中国古代文学史
	中国语学的理解
	汉语语法和作文
	高级汉语会话
	中国大众文化和艺术
	中国古代散文
	汉语教育论
	汉语教材和研究法

三、济州大学

开设学年	本科科目名称
1	初级汉语1
	汉字的理解
	成语和名人名言
	中国文化
	初级汉语2
2	中国文化概论
	中国语学概论
	中级汉语1
	初级汉语会话

续表

开设学年	本科科目名称
2	中国名言警句赏析
	中国文学史
	中国现代语法
	中级汉语2
	初级汉语作文
3	高级汉语1
	时事汉语
	中国古代语法
	中国名诗赏析
	中级汉语会话
	高级汉语2
	中国古代小说阅读
	中国宗教思想作品赏析
	中国现代文学史
	中级汉语作文
4	实用汉语
	中国文学理论
	汉语自由讨论
	中国现代文化和电影赏析
	汉字学讲义
	中国历代文论选
	中国音乐歌词文学

四、外国语大学

本科主要科目：

初级汉语　　　　　　中国人的生活文化

现代中国的理解　　　时事汉语入门

中级汉语会话　　　　　　汉语语法作文

高级汉语会话　　　　　　汉语古文

中国文字的理解　　　　　中国文学史　　　　　　汉语翻译练习

五、成均馆大学

本科科目名称	开设学年
高级汉语阅读	4
高级汉语会话1、2	3-4
基础古文1、2	2-3
商务汉语	4
时事汉语	3-4
实用汉语	3-4
影像汉语	2-3
中国经济的理解	4
中国诗词赏析1、2	3-4
中国汉字的理解	3-4
中国文学史1、2	2-3
中国方言的理解	3-4
中国"词"的理解	3-4
中国小说概论	3-4
汉语发音的理解	1-2
汉语语言学的理解1、2	3-4
中国历代散文阅读1、2	3-4
中国历史的理解	4
中国政治的理解	4
中国现代文学作品阅读	4
中国现代文学的理解	3-4
中国戏剧的理解	3-4
中级汉语阅读1、2	2-3
中级汉语会话1、2	2-3

续表

本科科目名称	开设学年
汉语语法 1、2	2-3
汉语基本句型练习	2-3
汉语作文实习	4
中韩翻译练习	2-3
初级汉语会话 1、2	1-2

六、国民大学

开设学年	本科科目名称	科目性质
1	汉语发音练习	必修
	初级汉语会话 1	
	基础汉语	
	基础汉语练习	
	初级汉语会话 2	
	基础汉语听力	
2	汉语会话作文 1	选修
	中级汉语会话 1	
	商务汉语	
	汉语精读	
	明清小说	
	中国文学概论 1	
	汉语会话作文 2	
	中级汉语会话 2	
	中韩翻译练习	
	中国历代诗歌	
	中国现代小说	
	中国文学概论 2	
3	高级汉语听力 1	选修
	高级汉语会话 1	
	汉语语法	

续表

开设学年	本科科目名称	科目性质
3	古文选读	
	诗歌选读	
	中国文言小说	
	中国文学史 1	
	汉语教育论	相关内容
	高级汉语听力 2	选修
	高级汉语会话 2	
	诸子百家选读	
	中国历代散文	
	中国文化史 2	
	汉语教材研究与教学法	相关内容
4	时事汉语	选修
	诗经	
	中国文学评论	
	中国现代散文	
	汉语教学评论及论述指导	
	研讨会	
	现场实习	

七、DONG-EUI 大学

本科科目性质	科目名称	开设学年
培养全面掌握汉语知识，为研究、教学献身的人才	中国历代散文选	2
	中国现代文学的理解	2
	中国古典小说的世界	3
	中国文化史	3
	中国名诗赏析	3
	汉语言文学特讲 1、2	4

续表

本科科目性质	科目名称	开设学年
培养中韩交流中有竞争力的人才	现代中国的理解	1
	中国大众文化	2
	网络汉语	2
	孔子和老子	3
	时事汉语	4
实用会话、翻译	初级汉语1、2	1
	汉语发音练习	1
	汉语听力练习	1
	中级汉语阅读1、2	2
	中级汉语会话1、2	2
	汉语语言的理解	2
	实用汉语语法	2
	汉语词汇论	2
	影像汉语	3
	HSK1、2	3
	高级汉语阅读1、2	3
	高级汉语会话1、2	3
	实用汉语作文	3
	汉语翻译练习	4
	汉语口译练习	4
提高汉语的实际运用能力	观光汉语	2
	商务汉语	4
	汉语面试练习	4
	产学连接学1、2	4
	深化汉语1、2	4

八、淑明女子大学

开设学年	科目名称
1	基础汉语
	中国古代文化传统 1
	中国文化的理解
	中国现代文化的理解
	生活汉语
	中级汉语
	中国古代歌谣入门
	视听汉语
	中国语言学理解
	中国小说文化的世界
	中国现代散文阅读
	商务汉语
	实用汉语作文
	中国女性作家和作品
	汉语教育论
	中国古装连续剧赏析
	评论和论述（汉语）
	高级汉语
	中国现代诗赏析
	中国的语言和生活
2	初级汉语
	中国古代文化传统 2
	中国名诗赏析
	文化汉语
	连续剧汉语
	中国文化和电影
	中国文字的理解
	汉语翻译特讲

续表

开设学年	科目名称
2	实用汉语语法
	中国散文的理解
	京剧和中国文化
	中国文化评论和发展
	中国现代小说赏析
	汉语教学法
	中国文化中的爱
	中国当地教育
全学年	高级汉语2
	现代汉语
	HSK 听力
	现代文学史
	汉字造型学
	中国古代文学
	中级汉语作文

九、中央大学

学年	1学期	2学期
1学年	汉语会话1、汉语实习1、初级汉语1、中国思想和文化	汉语会话2、汉语实习2、初级汉语2
2学年	汉语会话3、中级汉语练习1、汉语作文1、汉文1、汉语学概论、中国文学史1	汉语会话4、中级汉语练习2、汉语作文2、汉文2、汉语语法、中国文学史2
3学年	汉语会话5、高级汉语练习1、汉语作文3、唐诗	汉语会话6、高级汉语练习2、汉语作文4、宋词、中国现代文学
4学年	商务汉语、经书的理解、汉语口译实习1、中文文字学	时事汉语、诸子选读、汉语口译实习2、现代中国特讲